Christine Collette
Benoît Pigé

ÉCONOMIE SOCIALE
ET SOLIDAIRE

DUNOD

Des mêmes auteurs

RICHARD J., COLLETTE C. (2005), *Système comptable français et normes IFRS*, 7e éd., Dunod.

COLLETTE C. (2004), *Fiscalité des entreprises en France et en Europe*, 2e éd., Ellipses.

COLLETTE C., RICHARD J.(2002), *Les systèmes comptables français et anglo-saxons, normes IAS*, 6e éd., Dunod.

COLLETTE C., RICHARD J. (2000), *Comptabilité générale, les systèmes français et anglo-saxons*, Dunod.

PIGE B. (2008), *Gouvernance Contrôle et Audit des Organisations*, Economica.

PIGE B., PAPER X. (2006), *Reporting financier et gouvernance des entreprises : le sens des normes IFRS*, EMS.

PIGE B., LARDY P. (2003), *Reporting et contrôle budgétaire*, EMS.

PIGE B. (2001), *Audit et Contrôle interne*, 2e éd., EMS.

PIGE B., LARDY P. (2001), *La gestion stratégique des coût : consommation de ressources et création de valeur*, EMS.

PIGE B. (2000), *La comptabilité générale, un outil d'information*, EMS.

Le pictogramme qui figure ci-contre mérite une explication. Son objet est d'alerter le lecteur sur la menace que représente pour l'avenir de l'écrit, particulièrement dans le domaine de l'édition technique et universitaire, le développement massif du photocopillage.

Le Code de la propriété intellectuelle du 1er juillet 1992 interdit en effet expressément la photocopie à usage collectif sans autorisation des ayants droit. Or, cette pratique s'est généralisée dans les établissements d'enseignement supérieur, provoquant une baisse brutale des achats de livres et de revues, au point que la possibilité même pour les auteurs de créer des œuvres nouvelles et de les faire éditer correctement est aujourd'hui menacée.

Nous rappelons donc que toute reproduction, partielle ou totale, de la présente publication est interdite sans autorisation de l'auteur, de son éditeur ou du Centre français d'exploitation du droit de copie (CFC, 20, rue des Grands-Augustins, 75006 Paris).

© Dunod, Paris, 2008

ISBN 978-2-10-051526-4

Le Code de la propriété intellectuelle n'autorisant, aux termes de l'article L. 122-5, 2° et 3° a), d'une part, que les « copies ou reproductions strictement réservées à l'usage privé du copiste et non destinées à une utilisation collective » et, d'autre part, que les analyses et les courtes citations dans un but d'exemple et d'illustration, « toute représentation ou reproduction intégrale ou partielle faite sans le consentement de l'auteur ou de ses ayants droit ou ayants cause est illicite » (art. L. 122-4).

Cette représentation ou reproduction, par quelque procédé que ce soit, constituerait donc une contrefaçon sanctionnée par les articles L. 335-2 et suivants du Code de la propriété intellectuelle.

Sommaire

Introduction. L'économie sociale et solidaire dans le cadre du développement durable   1

P<small>ARTIE</small> 1
Histoire et cadre légal de l'économie sociale et solidaire

Chapitre 1
Spécificités de l'économie sociale et solidaire

I.	**Définition de l'économie sociale et solidaire**	7
	1. Définition de l'économie sociale	7
	2. Définition de l'économie solidaire	8
	3. Définition du tiers secteur	8
	4. Définition du secteur à but non lucratif	9
II.	**Historique de l'émergence du tiers secteur**	10
	1. Jusqu'à la Révolution de 1789	10
	2. Le socialisme utopique	12
	3. Le rôle de l'Église : de la gestion directe à l'influence morale	14
III.	**Évolution vers la reconnaissance juridique de l'économie sociale**	15
	1. Les associations	15
	2. Les fondations	16
	3. Les mutuelles	16
	4. Les coopératives	17

Chapitre 2
Les secteurs économiques concernés

I.	L'unité de l'économie sociale	19
	1. Définition des actions de solidarité	19
	2. L'espace d'intervention : le local en tête	20
II.	Les activités réalisées : la solidarité en action	20
III.	La finance solidaire	21
	1. Problématique de la microfinance	22
	2. Règles de fonctionnement du secteur bancaire inadaptées à la finance solidaire	23
	3. Les opérateurs de finance solidaire	24
	4. La collecte de l'épargne solidaire	27
IV.	Le rôle des associations	29
V.	Le rôle des fondations	31
VI.	Le rôle des mutuelles	32
VII.	Le rôle des coopératives	33
	1. Dans l'agriculture	34
	2. Dans le commerce de détail	36
	3. Dans l'artisanat	37
	4. Dans la pêche maritime	38
	5. Le transport	39
	6. Les autres secteurs : professions libérales, PME	39
	7. Les coopératives de crédit	40

Chapitre 3
Régime juridique et fiscal
des associations et des fondations

I.	Le régime juridique des associations	43
	1. Le contrat d'association	43
	2. Le patrimoine et les ressources	44
	3. Les droits et les devoirs des sociétaires	45
	4. La disparition de l'association	46

II.	Le régime juridique des fondations	46
	1. Définition	46
	2. La fondation RUP	46
	3. La fondation d'entreprise	47
	4. La fondation abritée	47
III.	Le régime fiscal des associations et fondations	47
	1. Exonération des impôts commerciaux : IS, TVA et taxe professionnelle	48
	2. Franchise des activités lucratives accessoires	49
	3. Imposition à la TVA	50
	4. Impôt sur les sociétés	50
	5. Taxes diverses	51
	6. Fiscalité des dons	51

Chapitre 4
Régime juridique et fiscal des coopératives

I.	Le régime juridique et fiscal des mutuelles	54
II.	Les principes coopératifs	54
	1. Principe de double qualité	55
	2. Principe altruiste	56
	3. Principe démocratique	56
	4. Principe de non-partage des réserves	57
III.	La société coopérative ouvrière de production (SCOP)	57
	1. Le contrat de société	58
	2. La forme de la SCOP : SARL ou SA	61
	3. L'agrément du ministère du Travail	62
IV.	La société coopérative d'intérêt collectif (SCIC)	63
	1. Double démarche	63
	2. Le statut	64
	3. Les associés	64
	4. Les secteurs	65
V.	La coopérative d'activités et d'emploi (CAE)	66
	1. Le statut	66
	2. Les associés	66

    3. Les porteurs de projets   66
    4. Les secteurs économiques   67

VI. La société coopérative européenne (SCE)   67
    1. Le siège social   68
    2. La hiérarchie des règles   68
    3. Les principes coopératifs   69

VII. La fiscalité des coopératives   71
    1. L'impôt sur les sociétés (IS)   71
    2. La taxe professionnelle   73

Partie 2
Enjeux et gouvernance des organisations de l'économie sociale et solidaire

Chapitre 5
Des enjeux organisationnels spécifiques

I. Des objectifs opérationnels non guidés par la recherche du profit   77
    1. Le profit en tant qu'indicateur de l'efficience dans la gestion opérationnelle   77
    2. Les choix de production dans une économie concurrentielle et efficiente   78
    3. La problématique économique des coopératives   81

II. Une stratégie de mise à distance de certains prix du marché   83
    1. Des situations d'asymétrie sur le marché   83
    2. Les marchés inefficients et l'inadéquation des prix du marché   85
    3. Le prix de la solidarité   87

III. Une imbrication entre les enjeux et la nature de l'engagement des parties prenantes   87
    1. La spécificité des organisations de l'économie sociale et solidaire   88

2. Les adhérents et leur implication dans la durée	90
3. Les interactions entre les parties prenantes	91
IV. La définition du périmètre des coopératives	92
1. Par rapport au marché	92
2. Par rapport aux entreprises commerciales à but lucratif	93
3. Par rapport aux associations	97

Chapitre 6
Des exigences de gouvernance renforcées

I. Des principes organisationnels forts	101
1. Un pouvoir démocratique	103
2. Une participation économique	105
3. Une solidarité	107
II. L'implication des adhérents	108
1. Les modalités d'adhésion aux coopératives et les décisions d'assemblées générales	108
2. La distanciation des liens	109
3. L'équilibre économique et démocratique	114
4. Les problèmes d'incitation et de contrôle	114
III. Les fonctions de présidence et de direction	116
1. La dissociation des fonctions de présidence et de direction	116
2. Le président du conseil d'administration : son élection, son statut et sa rétribution	118
3. Le directeur général : ses attributions, sa rémunération	119
4. La forme conseil de surveillance et directoire	120
IV. La sélection et le rôle des administrateurs	121
1. Une typologie des administrateurs : caractéristiques et attentes	122
2. L'information des administrateurs	124
3. Sélection et motivation des administrateurs	125
4. Le contrôle de l'activité réalisée entre la coopérative et les administrateurs	126

Chapitre 7
Des relations complexes avec les parties-prenantes

I.	La relation adhérents-salariés	129
	1. Une relation employeur-employé et fournisseur-client	130
	2. La rémunération et le contrôle des salariés	131
II.	Les clients et les fournisseurs	133
	1. Des exigences éthiques	134
	2. Le prix de l'éthique	136
	3. Des exigences de qualité et de service	137
III.	L'État, les collectivités locales et la certification des comptes	138
	1. L'intervention publique en faveur de certaines actions économiques	139
	2. Le respect de la concurrence	140
	3. Le commissariat aux comptes	141
IV.	Les spécificités de gouvernance des structures associatives intervenant dans l'économie sociale et solidaire	142
	1. Une incitation économique limitée	143
	2. La ressource humaine constituée des bénévoles	144
	3. Le contrôle de la gouvernance	145

Conclusion. Comment contribuer au développement de l'économie sociale et solidaire? — 147

Bibliographie — 149

Index — 151

Introduction

L'économie sociale et solidaire dans le cadre du développement durable

L'économie sociale et solidaire a connu son développement, il y a plus d'un siècle, par la prise en compte des exigences de solidarité. Pourtant, à la fin du XXe siècle, l'effondrement des systèmes de production collectivistes dans les pays communistes est apparu comme le triomphe d'une économie capitaliste seule capable de fournir aux citoyens les instruments de la consommation.

Les premières années du XXIe siècle marquent un retour vers des valeurs plus anciennes de respect des communautés et de la nature. Les organisations de l'économie sociale et solidaire, qui apparaissaient comme une survivance du passé, constituent vraisemblablement une des formes organisationnelles les plus adaptées pour répondre aux exigences de développement durable formulées par nos sociétés.

L'enjeu de cet ouvrage réside dans la démonstration de l'utilité des organisations de l'économie sociale et solidaire et, en premier lieu, des coopératives. C'est parce que ces organisations contribuent de manière spécifique à la mise en place d'une croissance respectueuse de leur environnement, que les divers statuts spécifiques, qui leur sont appliqués, trouvent leur justification.

La notion de « développement durable » repose en effet sur une double dimension, celle de la nature et celle des communautés. Si les débats actuels, avec notamment le protocole de Kyoto en 1997 et les discussions de Bali en 2007, portent principalement sur la problématique du réchauffement climatique, le développement durable ne se limite pas à cette seule dimension. Le respect des communautés dans lesquelles les entreprises sont implantées constitue également un enjeu majeur, bien que moins médiatique, du développement durable.

La défense du statut des organisations de l'économie sociale et solidaire, et en premier lieu des coopératives qui en constituent le fer de lance à travers le monde, ne se justifie pas par des positions idéologiques qui les opposeraient aux entreprises capitalistes, mais par une analyse lucide des apports respectifs de chacune de ces natures d'organisation. Les entreprises capitalistes privilégient l'efficience et ont permis un essor considérable des conditions de vie matérielles d'une partie significative de la population mondiale. Dans de nombreux secteurs, les entreprises de capitaux permettent une allocation efficace des ressources. Cependant, cette efficacité des entreprises capitalistes dans la production de biens et de services suppose des marchés efficients et un cadre réglementaire qui permette la prise en compte des externalités environnementales (par exemple, le coût de la pollution).

La croissance économique s'est souvent réalisée au détriment du respect de la nature, et en laissant une fraction majoritaire de la population sur le bord du chemin. Même la Chine, avec son taux de croissance annuel de près de 10 %, ne permet pas à la majorité de sa population d'accéder à des conditions matérielles de vie décentes (selon les critères occidentaux). De surcroît, cette croissance chinoise s'accompagne d'une dégradation très rapide des conditions environnementales qui se traduisent déjà sur les conditions de vie et la santé des citoyens chinois.

L'économie sociale et solidaire repose sur le postulat que la croissance n'est pas un objectif en soi mais qu'elle doit être évaluée par rapport aux objectifs qu'une société recherche. C'est également le postulat des organisations qui composent cette économie sociale et solidaire.

Pour aborder les nombreuses interrogations soulevées par l'économie sociale et solidaire, nous avons découpé cet ouvrage en deux parties complémentaires. Dans une première partie, nous définirons les spécificités de l'économie sociale et solidaire, puis nous présenterons les secteurs économiques concernés avant de nous attacher au régime juridique et fiscal des organisations, qu'il s'agisse des associations et des fondations, ou des coopératives.

Dans une seconde partie, nous analyserons les enjeux organisationnels, les exigences de gouvernance et le rôle central des relations nouées avec les parties prenantes. Nous chercherons ainsi à montrer à la fois les forces, dérivées notamment des principes coopératifs réaffirmés à un niveau international, et les faiblesses des organisations coopératives ou associatives œuvrant dans le domaine économique. La mise en place et le renforcement des structures et des mécanismes de gouvernance semblent ainsi indispensables pour assurer la pérennité et la croissance des organisations de l'économie sociale et solidaire. Celles-ci constituent le passage obligé vers un développement réellement durable.

Partie 1

Histoire et cadre légal de l'économie sociale et solidaire

Aujourd'hui, le modèle du « capitalisme » dominant est battu en brèche par la société civile qui sait être inventive et constructive en exprimant sa vitalité *via* l'économie sociale et solidaire. Avec le souci de retrouver les racines du tiers secteur, nous montrerons, tout d'abord, l'importance croissante du secteur sans but lucratif, sa reconnaissance symbolique par l'État ainsi que son partenariat renforcé avec les pouvoirs publics. Ces éléments nous permettrons d'expliquer ensuite la place de l'économie sociale et solidaire dans les différents secteurs économiques et ses parts de marché significatives. Enfin, nous développerons le régime juridique et fiscal des différentes organisations de l'économie sociale et solidaire : coopératives et mutuelles, associations et fondations.

Chapitre 1

Spécificités de l'économie sociale et solidaire

La notion d'« utilité sociale » est définie une première fois par le commissaire du Gouvernement Delmas-Marsalet, à propos de l'arrêt *association Saint-Luc, clinique du Sacré-Cœur*, du 30 novembre 1973.

> Est d'utilité sociale l'activité qui permet : « de pallier les insuffisances de l'économie de marché que ce soit en fournissant, dans des conditions alors nécessairement désintéressées, des services qui ne sont *pas assurés par le marché*, faute d'être rentables ou que ce soit en pourvoyant aux besoins de ceux que le marché délaisse parce que leurs ressources trop modestes, n'en font pas des clients intéressants. »

L'instruction administrative du 15 septembre 1998 reprend une définition similaire, en ajoutant que :

> « les organismes sans but lucratif agissant dans leur domaine d'intervention, peuvent contribuer à l'exercice d'une *mission d'intérêt général*, voire de service public, dès lors qu'ils prennent en compte la nature du besoin à satisfaire et les conditions dans lesquelles il y est fait face. »

Les activités d'utilité sociale sont des activités très diverses qui mettent en jeu des solidarités entre les groupes sociaux afin de *recomposer le lien social*. Ces activités témoignent des *nombreuses formes de la fragilité*, du handicap et de l'exclusion que notre société produit : malades, pauvres, jeunes, femmes, émigrés, personnes âgées, sans domicile fixe. Ces situations exigent un travail particulier, des services spécifiques qui contribuent, comme on le verra plus loin, à définir *de nouveaux métiers*.

I. DÉFINITION DE L'ÉCONOMIE SOCIALE ET SOLIDAIRE

1. Définition de l'économie sociale

L'économie sociale définit l'ensemble des coopératives, mutuelles, associations et fondations partageant des particularités qui les distinguent des entreprises individuelles, des entreprises publiques et des sociétés de capitaux. Ces entreprises d'économie sociale se distinguent des entreprises individuelles par leur caractère collectif. Elles se distinguent des sociétés de capitaux parce qu'elles réunissent des personnes avant de réunir des capitaux et sans chercher en priorité la rémunération du capital, principe de « l'acapitalisme ». Enfin, par leur caractère privé elles sont différentes des entreprises publiques.

De plus, le choix du terme « entreprise » plutôt que celui d'« organisme » permet d'inclure une *dimension projective,* d'une part, car l'économie sociale est une économie au service de l'Homme, et de ne pas exclure la *dimension commerciale* de l'entreprise, présente en particulier dans la majeure partie des coopératives, d'autre part.

L'économie sociale est entrée dans le droit français avec le décret du 15 décembre 1981 créant la Délégation interministérielle à l'économie sociale ; elle regroupe toutes les initiatives qui placent la personne humaine au centre du développement économique.

2. Définition de l'économie solidaire

Le concept *d'économie solidaire* est né dans les années 1980 dans un contexte marqué par la crise économique et le chômage. L'économie solidaire repose sur une combinaison des trois économies (marchande, non marchande et non monétaire), à partir de dynamiques de projet. Celles-ci articulent une dimension de réciprocité et la référence à des principes de justice et d'égalité. En cela, l'économie solidaire se rapproche de l'économie sociale. Mais, l'économie solidaire se définit plutôt par ses finalités : assurer l'insertion, *renforcer le lien social,* produire autrement. Le secteur solidaire rassemble un ensemble diversifié de pratiques économiques comme, par exemple, l'insertion par l'activité économique, l'épargne solidaire, le commerce équitable, les structures en faveur du développement durable. Le terme « tiers secteur » est également employé pour définir cet ensemble.

3. Définition du tiers secteur

Le tiers secteur présuppose l'existence de deux autres secteurs : le secteur privé (ou concurrentiel dont le but est la rentabilité des investissements par la recherche de profit) et le secteur public (ou étatique dont l'activité cherche à satisfaire l'intérêt général). Ces deux secteurs n'ont jamais organisé totalement ni même principalement le travail de la société pour elle-même. Historiquement domine ce que les anthropologues appellent *le principe de réciprocité* : l'idée que l'on doit travailler pour la communauté, non par obligation légale, ni pour en recevoir un revenu, mais au nom de la conscience qu'appartenant à une société, on lui doit quelque chose et qu'elle assurera vos besoins. Ce principe gouverne depuis toujours la famille élargie ou ces très grandes familles que sont les Églises. Il s'agit de *la solidarité* qui définit le tiers secteur : le but, l'éthique commune à ses participants.

L'économie solidaire sait qu'en produisant un bien ou un service, elle engendre *un halo d'effets sociétaux* profitable à l'ensemble de la société, sans faire pour autant l'objet d'une transaction monétaire. Par exemple, ouvrir un restaurant d'insertion, c'est non seulement produire des repas mais aussi assurer une formation professionnelle pour les chômeurs, maintenir un lieu public au cœur d'une cité déshéritée. L'entreprise de l'économie solidaire accroît le bien-être de la communauté.

La Charte de l'économie sociale définit en 1995 l'économie sociale et solidaire selon un certain nombre de critères :

– *la libre adhésion* : nul n'est contraint d'adhérer et de demeurer adhérent d'une structure de l'économie sociale, c'est le principe de la porte ouverte ;

– *la non-lucrativité individuelle* : ce principe n'exclut pas de constituer des excédents financiers, mais il en interdit l'appropriation individuelle ;

– *la gestion démocratique* : les décisions se prennent en assemblée générale selon le principe « une personne = une voix » ;

– *l'utilité collective ou l'utilité sociale du projet* : une structure de l'économie sociale est au service d'un projet collectif et non pas conduit par une seule personne, ce collectif peut être un territoire, un groupe social, un collectif de travail ;

– *la mixité des ressources* : les ressources de ce secteur sont privées ou mixtes, il est indépendant des pouvoirs publics tout en étant reconnu comme interlocuteur privilégié et recevoir des subventions dans la mise en œuvre des politiques d'intérêt général.

4. Définition du secteur à but non lucratif

Le secteur à but non lucratif est défini ainsi par *son régime fiscal* :

> « c'est une activité qui permet de pallier les insuffisances de l'économie de marché :

– soit en fournissant dans *des conditions désintéressées*, des services *non assurés par le marché*, car non rentables ;
– soit en pourvoyant *aux besoins non servis par le marché*, car les clients ont des ressources trop modestes.»

II. HISTORIQUE DE L'ÉMERGENCE DU TIERS SECTEUR

1. Jusqu'à la Révolution de 1789

Le tiers secteur puise ses racines sociologiques dans des pratiques très anciennes. Trente siècles avant notre ère, on trouve l'existence d'*associations d'exploitation* en Mésopotamie et de regroupements pour un secours mutuel en Égypte. La Grèce antique connaît de nombreuses associations et fondations dont les principes ont imprégné la plupart de nos droits occidentaux. Il faut citer, notamment, l'exemplaire *Académie, école philosophique* fondée par Platon, dans les jardins de l'Academus à Athènes, qui a perduré durant huit siècles.

Au Moyen Âge, les ancêtres des coopératives se rencontrent déjà avec la pratique du *four banal*, service commun qu'un seigneur met à la disposition de ses vassaux. Cet usage du « four commun » se perpétue jusqu'au XXe siècle, notamment dans les villes et villages de Grèce. En 1976, dans l'île ionienne de Leucade, les villageois vont cuire leurs plats dans le four du boulanger. De même, dans la ville de Thessalonique, la pratique du four communal reste vivace jusqu'à la fin des années 1990. La technologie n'est pas très développée en Grèce à cette époque, et les familles n'ont pas les moyens financiers de détenir un four privé.

Également à l'époque médiévale, des *sociétés taisibles* (en vieux français, « accords tacites ») regroupent des agriculteurs qui exploitent en commun les champs dont ils sont propriétaires. Dans les Pyrénées béarnaises, par exemple, les montagnards des vallées (Aspe, Ossau et Barétous) jouissent de la propriété collective des pâturages de montagne. Ce système fonctionne jusqu'à la fin de l'Ancien Régime, dans les communautés vivant sous un régime de « fors » (droit) assimilable pratiquement à une autonomie politique.

En outre, dans le Jura, un système de travail en coopération apparu au XIIIe siècle existe encore aujourd'hui. Les éleveurs, petits et grands, apportent leur lait dans *les fruitières*. Ils assurent ensemble la fabrication du fromage et son écoulement et se partagent les bénéfices en fonction des quantités de lait apportées. Ce mode d'organisation ancestral des éleveurs a joué un certain rôle dans l'histoire de la coopération.

D'ailleurs, l'organisation des métiers en *corporations et confréries* se généralise au Moyen Âge et à la Renaissance pour accompagner le développement du commerce international lié aux croisades et aux foires hanséatiques. On parle aussi de métiers, compagnonnages, guildes, jurandes et arts. Dans le domaine de la charité, on peut voir se créer des *confréries de miséricorde,* liées aux confréries, ancêtres des mutuelles, aidant d'abord les membres nécessiteux de la corporation, puis les malades.

Aux XVIIe et XVIIIe siècles, on voit apparaître non seulement des sociétés savantes et des cercles littéraires ou musicaux qui prouvent la vitalité de la société civile, mais aussi des associations politiques et philosophiques, ancêtres des organisations civiques de défense des droits de l'Homme, qui représentent l'esprit prérévolutionnaire. Cependant, une partie du tiers secteur, le mouvement corporatiste, est en déclin car il constitue un obstacle à la libre concurrence par les monopoles que les corporations exercent.

La Révolution et l'Empire sont des périodes de rupture. Les révolutionnaires sont hostiles aux organisations non lucratives, car celles-ci créent des privilèges pour leurs membres, ce qui est inacceptable depuis l'abolition des privilèges dans la nuit du 4 août 1789. Par ailleurs, leur anticléricalisme vise à réduire les organisations charitables, appendices de l'Église catholique. En 1791, le décret d'Allarde supprime les corporations et la loi Le Chapelier interdit toute association ou coalition. Par conséquent, le droit d'association ne figure pas dans la Déclaration des Droits de l'Homme de 1789. On assiste à un effondrement du tiers secteur. Lors de la Révolution, la *sécularisation* est « effective » avec la vente des biens nationaux, propriété de l'Église et des congrégations. Cependant, le démantèlement et la sécularisation des organisations de protection sociale de l'Ancien Régime amènent à impartir le Gouvernement d'une responsabilité sociale qui, bien qu'étant inscrite dans la Constitution de 1793, n'est suivie par aucune politique concrète. Cette longue récession explique historiquement le retard du secteur non lucratif français par rapport à celui des pays anglo-saxons.

Au XIXe siècle, la société civile reconstitue les réseaux associatifs diversifiés en dépit de la prohibition et se trouve ainsi en conflit permanent avec l'État. De plus, c'est également sur l'instigation des penseurs du socialisme utopique, apparu avant le marxisme, que les organisations de l'économie sociale – coopératives, mutuelles et une partie des associations – se sont développées.

2. Le socialisme utopique

Le mouvement est représenté en France par le *comte de Saint-Simon* (1760-1825), en premier lieu, dont les disciples sont à l'origine de l'expansion industrielle et de grands travaux visionnaires comme le creusement du canal de Suez. Saint-Simon dénonce les oisifs ayant le pouvoir politique et vivant du travail des « industrieux », que ceux-ci soient ouvriers ou chefs d'entreprises.

Au même moment, *Charles Fourier* (1772-1837) critique l'anarchie industrielle et le parasitisme commercial et prône le regroupement des producteurs dans des phalanges au sein de « phalanstères », entreprises communautaires assimilées à des lieux de vie autant qu'à des lieux de travail. La libre association des individus est la règle : le travail de chacun est rémunéré, ainsi que « son talent » et le capital. Toutes les décisions sont prises au cours d'assemblées générales, sans représentation ni délégation. Cette démocratie directe est à l'origine du principe : « un homme, une voix ». Les propositions de Fourier n'ont pas été appliquées, sauf en France dans le familistère de Godin à Guise et dans des expériences de foyers professionnels catholiques.

Ensuite, *Pierre Joseph Proudhon* (1809-1865), théoricien du mutualisme et du fédéralisme, énonce : « la propriété, c'est le vol ». Des échanges mutuels sur la base des heures de travail doivent de substituer aux échanges monétaires ; des sociétés d'assurance mutuelle, des banques mutuelles, des logements partagés, des sociétés de secours mutuel se développent pour se garantir contre la libre concurrence économique. Le *fédéralisme* est le système politique compatible avec le *mutualisme*, c'est un contrat social qui équilibre autorité et liberté. En effet, le fédéralisme repose sur *le principe de subsidiarité* selon lequel l'État n'intervient dans la résolution des problèmes sociaux que si aucun corps intermédiaire – famille, association, mutuelle ou collectivité locale – ne peut le faire. Le principe de subsidiarité est profondément décentralisateur et totalement opposé au jacobinisme.

L'héritage de Proudhon – mutualisme, autogestion, fédéralisme – reste très vivant dans l'économie sociale actuelle.

Très différente, l'histoire du mouvement coopératif se développe en Grande-Bretagne avec *Richard Owen (1771-1858)*. Il s'agit d'un *socialisme associationniste* qui se caractérise par la recherche d'un nouvel équilibre social (avec notamment la proposition de créer des villages communautaires) et la création d'un système coopératif en vue de substituer une propriété collective à la propriété privée. Richard Owen fonde une entreprise modèle de filature où il démontre que l'amélioration des conditions de vie et de travail de ses ouvriers (écoles, réduction de la durée du travail, augmentation des salaires) peut aller de pair avec des hausses de productivité.

Ensuite, on voit se développer en Angleterre à Rochdale, dans le comté de Lancastre, l'expérience des *équitables pionniers de Rochdale*. Il s'agit d'un groupe d'ouvriers tisserands qui créent une coopérative de denrées alimentaires, en 1844. Le partage des bénéfices se fait en fonction des achats. La *coopérative de consommation* des pionniers de Rochdale se développe rapidement, ouvrant ses propres filatures en 1854, une minoterie en 1860. La coopérative joue aussi le rôle de caisse d'épargne, elle crée banque et assurance, mais aussi des bibliothèques et des écoles. En 1863, on compte 500 magasins dans le Royaume-Uni. L'œuvre des équitables pionniers de Rochdale reste dans l'histoire de la coopération le plus bel exemple de réussite durable de l'entreprise coopérative.

L'initiative du lancement de la coopération bancaire revient à l'Allemand *Friedrich Wilhelm Raiffeisen* (1818-1888) qui fonde dès 1848 des *caisses villageoises de crédit mutuel et agricole*, pratiquant au sein de chacune de celles-ci la collecte de l'épargne par une mise en commun des économies des adhérents, pour accorder des prêts personnels sous couvert d'une caution. Le système fonctionne donc en circuit fermé jusqu'à ce qu'il apparaisse nécessaire de le mutualiser au sein d'un réseau régional, puis national pour lui donner plus d'ampleur. En France, c'est à partir de ce modèle que sont créés le Crédit Agricole, le Crédit Mutuel, le Crédit Coopératif, la Banque Populaire. Ainsi, les premières caisses de crédit agricole officielles sont créées sous le bénéfice de la loi du 5 novembre 1894.

3. Le rôle de l'Église : de la gestion directe à l'influence morale

L'économie sociale ou tiers secteur est l'objet d'un conflit qui oppose l'Église à l'État entre 1789 et 1905. Sous l'Ancien Régime, le catholicisme est la religion d'État, par conséquent, l'Église n'est pas rivale de l'État. L'Église s'occupe de l'éducation, la santé et l'action charitable tandis que l'État élabore la réglementation sanitaire et s'occupe des problèmes de sécurité. Le *tiers secteur* reste longtemps dirigé et influencé par l'Église avant d'être sécularisé, souvent à la suite de crises de financement nécessitant le recours au financement public.

À la Restauration, l'Église se retire de la majorité des secteurs, faute de pouvoir reconstituer son réseau d'organisations charitables et se concentre sur le domaine éducatif, le plus lié à la transmission de la foi, et peu pris en charge par l'État, à l'époque. Ces raisons historiques expliquent que la sécularisation des activités sanitaires et sociales à partir du XIXe siècle se soit déroulée sans heurts. Plus tard, en prenant parti pour les idées généreuses et plaidant la cause des ouvriers, le Pape Léon XIII publie en 1891 *l'encyclique « De Rerum Novarum »* sur la condition des ouvriers et pose les bases du catholicisme social. D'ailleurs, on peut remarquer que nombre de coopératives nées à cette époque comportent cette influence chrétienne dans leur socioculture.

De même *en Grande-Bretagne*, on n'explique pas la création de la Société des équitables pionniers de Rochdale (1844) sans se référer au pullulement des sectes protestantes dans cette ville au XIXe siècle.

En Allemagne, la création des caisses de Crédit mutuel par Friedrich Wilhelm Raiffeisen (1864) est suscitée par la théorisation d'un modèle chrétien de coopération communautaire par Victor Aimé Huber (1848).

En Espagne, le projet de la participation des salariés dans les entreprises est mis en pratique avec succès dans la coopérative de consommation du groupe coopératif basque Mondragon, né en 1956 de l'enseignement du père Jose Maria Arizmendiarrieta.

Aujourd'hui, malgré la réduction de la puissance de l'Église en France et la crise de la pratique religieuse, la religion catholique demeure encore une *source d'inspiration morale* essentielle pour le secteur sans but lucratif. On constate, comme dans les pays anglo-saxons, que la pratique religieuse exerce une forte influence sur les comportements de dons et de bénévolats. Les Français déclarant avoir une pratique religieuse régulière sont également ceux qui contribuent le plus au tiers secteur, par leurs dons et leur activité bénévole. En France, contrairement à d'autres pays européens (Royaume-Uni, Allemagne, Italie) et en raison du principe de laïcité, l'influence de l'Église sur le tiers secteur, à l'exception du secteur de l'éducation, est indirecte et culturelle, et non directe et politique.

III. ÉVOLUTION VERS LA RECONNAISSANCE JURIDIQUE DE L'ÉCONOMIE SOCIALE

1. Les associations

Le délit de coalition est aboli en 1864. Et de nombreuses associations se créent dans tous les domaines d'activités. Cependant, une autorisation administrative est toujours nécessaire pour fonder une association de plus de vingt personnes. Et la reconnaissance d'utilité publique, nécessaire pour obtenir la personnalité juridique, est peu attribuée. En 1884, *Pierre Waldeck-Rousseau*, avocat, militant républicain et ministre de l'Intérieur à deux reprises, fait adopter une loi autorisant la liberté des associations de travailleurs sous forme syndicale. Et après un long débat au Parlement, la *loi de 1901* est adoptée permettant de définir légalement le terme d'association.

La liberté d'association qui implique que les membres d'une association puissent entrer ou sortir librement, fait contraste avec le caractère perpétuel des vœux monastiques qui représentent, aux yeux du Gouvernement anticlérical, une aliénation de la liberté individuelle. Par conséquent, les congrégations sont exclues de la loi de 1901. Elles doivent toujours obtenir l'autorisation administrative, comme avant 1901. Le Gouvernement anticlérical de Combes applique strictement cette disposition : il expulse les congrégations, supprime 2 500 écoles catholiques non autorisées créées avant la loi de 1901 et refuse l'autorisation d'ouvrir 11 000 écoles ou hôpitaux tenus par des congrégations religieuses. La guerre entre l'État et l'Église trouve sa fin, après la démission de Combes, en *1905* avec le vote de *la loi de séparation de l'Église et de l'État*, et la religion devient une affaire privée. Les congrégations et les associations cultuelles sont maintenant régies par une loi appropriée dont le vote clarifie la situation et permet le retour en France de la plupart des congrégations qui reprennent leurs activités charitables et éducatives. La loi de 1901 propose le statut juridique le plus libéral et le plus flexible de toute la législation française.

2. Les fondations

On peut considérer la fondation comme un type particulier d'association qui offre à l'entreprise un outil pour pratiquer le mécénat. Avant 1970, peu d'entreprises françaises pratiquent le mécénat, seules certaines sociétés anglo-saxonnes commencent à s'y lancer. En effet, le mécénat anglo-saxon est alors avant tout un acte personnel et non d'entreprise. Vers la fin des années 1970, les entreprises françaises considèrent le mécénat comme un outil de communication pour valoriser leur image institutionnelle. Depuis, le mécénat s'est professionnalisé. On est passé d'un mécénat passif (fin 1970) conçu comme une réponse des entreprises à une demande du secteur culturel et environnemental à un mécénat actif : *mécénat d'initiatives*. Actuellement, on rencontre deux types de mécénat actif : d'une part un mécénat *proche des métiers de l'entreprise,* étant donné que les entreprises mécènes utilisent leurs produits et leurs compétences pour la mise en œuvre de la politique de mécénat ; on peut dater la naissance du mécénat vert à la fin des années 1990. D'autre part, se met en place un *mécénat de solidarité* en complément du mécénat culturel à partir de 1980. Par ailleurs, le mécénat favorise l'implication croissante du personnel encouragée par l'entreprise, et se trouve perçu comme un outil fédérateur du personnel, parce qu'il donne aux salariés des possibilités d'expériences.

Les fondations sont régies par des lois très récentes : la loi du 23 juillet 1987 sur le développement du mécénat a institué le régime de la fondation ; elle est complétée par la loi du 4 juillet 1990 sur les fondations d'entreprises qui veut susciter, en France, la constitution de fondations privées à l'image des grandes fondations américaines (Fondations Ford, Rockefeller, IBM) ou allemandes (Fondations Mercedes, BMW).

3. Les mutuelles

On trouve une référence de société de secours mutuel dès l'an 1319, mais c'est surtout au XIXe siècle que se développent les ancêtres des mutuelles actuelles. La mutualité a contribué au développement de la protection sociale dans le domaine de la santé et peu à peu des retraites sur la base des principes démocratiques. Les premières mutuelles se développent avec la révolution industrielle vers 1820. Ensuite, Napoléon III définit un nouveau type de groupement les

« sociétés approuvées » par le décret de 1852 qui leur accorde de nombreux avantages, mais au détriment de leur vie démocratique. Cette « mutualité impériale » représente un instrument de contrôle social des riches sur les pauvres.

C'est durant la IIIe République que le *solidarisme de Léon Bourgeois* qui défend la liberté de l'individu face à l'État en estimant que ce dernier doit aussi le protéger, aboutit à la *Charte de la mutualité de 1898* qui supprime le décret de 1852. Les mutualistes peuvent désormais mener librement leurs activités, leur vocation est de réunir des personnes dans une structure qui va gérer les risques auxquels elles sont exposées. Les mutuelles de santé et de prévoyance ont un rôle culminant entre 1880 et 1945 ; elles ont été pionnières dans le domaine de la protection sociale. Par ailleurs, les mutuelles d'assurance se développent dans les années 1960, surtout dans l'assurance-automobile et habitation.

4. Les coopératives

À la fin du premier tiers du XIXe siècle, se sont organisées des *premières associations d'ouvriers* pour lutter contre les conséquences néfastes et les excès de la première industrialisation. Mais, leur nature juridique était peu précise. La première loi qui concerne directement les coopératives se trouve dans le Titre III de la *loi sur les sociétés du 24 juillet 1867* qui traite de la variabilité du capital.

Ensuite, le législateur a hésité entre deux attitudes :

– réglementer par une loi générale les différentes branches de la coopération ; mais cette première méthode échoue en 1884 ;

– réglementer par *des lois particulières* pour chaque famille de coopératives.

Et, peu à peu, des textes apparaissent. D'abord, la *loi du 18 décembre 1915* sur les sociétés coopératives ouvrières de production (SCOP) qui est intégrée dans le Code du travail. Ensuite, *la loi du 7 mai 1917* sur les coopératives de consommation. Puis, *la loi du 12 juillet 1923* définit le régime de la SICA (société d'intérêt collectif agricole) qui constitue une structure plus souple que celle de la coopérative. La SICA est un groupement de droit commun de forme civile ou commerciale dont le but est de créer des installations ou d'assurer des services dans l'intérêt des exploitants.

En 1927, est mise en chantier une grande réforme qui aboutit à la *loi Ramadier du 10 septembre 1947 sur les coopératives*, modifiée plusieurs fois par la suite. Ensuite, *l'ordonnance du 26 septembre 1967* donne naissance à *la SMIA (société mixte d'intérêt agricole)*. La SMIA regroupe des représentants des secteurs coopératifs et privés pour assurer aux exploitants agricoles une meilleure maîtrise de la transformation et de la commercialisation de leurs produits. De plus, la *loi du 19 juillet 1978* sur les SCOP a repris, en les précisant pour les SCOP, certaines dispositions de la loi de 1947.

Deux lois successives modifient ces textes : il s'agit de *la loi du 12 juillet 1985* d'abord, qui permet l'entrée des capitaux extérieurs dans les coopératives de production en autorisant les associés extérieurs à voter en fonction du nombre de parts détenues par eux, et qui introduit la révision coopérative. L'autre *loi du 13 juillet 1992* modernise les coopératives en tentant de rapprocher leur fonctionnement de celui des sociétés. Malgré ces différents textes, il est nécessaire de souligner qu'il n'existe *aucun double emploi*, puisque la loi de 1947 confirme la primauté de la loi particulière de chaque famille coopérative.

Chapitre 2

Les secteurs économiques concernés

I. L'UNITÉ DE L'ÉCONOMIE SOCIALE

L'étude de l'économie sociale permet de faire émerger une nouvelle entreprise, *l'entreprise sociale* qui fonctionne selon deux formes entrepreneuriales : l'association et la coopérative.

1. Définition des actions de solidarité

Les activités réalisées sont très diverses, elles mettent généralement en jeu les solidarités entre des groupes sociaux, contribuant ainsi à recomposer les formes du lien social. Il s'agit d'activités de services et essentiellement de services rendus à des personnes. Ce sont moins des services administratifs que des *services relationnels* comme cela se pratique dans l'insertion par l'économie et par la culture ainsi que dans l'action caritative et humanitaire. On observe une société ayant résolu ses problèmes agricoles et d'alimentation, ne se posant pas non plus de questions de nature industrielle, mais plutôt à intégrer ses propres membres dans un processus de production et de consommation. Après une révolution agricole, une révolution industrielle, on assisterait à une révolution *relationnelle* qu'on peut mettre en lien avec la révolution des techniques de communication et d'information. À bien y réfléchir, ces activités témoignent bien d'une époque et d'une société précises : celles d'une société individualiste où les membres atomisés sont avant tout en danger d'exclusion.

On remarque qu'au cours des vingt dernières années, l'économie a fait son entrée dans les activités sociales et culturelles. Ainsi, les pratiques sociales intègrent la gestion, les budgets, la planification et la comptabilité. Cependant, la place de l'économie est subordonnée à une finalité sociale, ou plus exactement au développement de la personne humaine.

2. L'espace d'intervention : le local en tête

Les territoires d'action privilégiés sont le niveau local et le niveau départemental. En effet, les activités se fondent sur la *relation directe, dite de « proximité »* : par exemple une épicerie sociale pour faciliter l'insertion à Moulins (Allier), la création d'un bar associatif qui propose des activités culturelles et environnementales (Chadron, Haute-Loire). On constate le *lien entre le service aux personnes et l'inscription dans l'espace local*. Ainsi, une association creusoise qui met en place de nouvelles voies d'insertion professionnelle en développant des petites activités innovantes pour offrir des emplois durables à des personnes défavorisées avec des projets multiples : débardage par traction animale, décoration de meubles. Ces activités associent la perspective de l'insertion au développement local.

Certaines initiatives témoignent que le développement provient d'une *rencontre entre les attentes des personnes et des ressources locales* : ainsi, une coopérative de Lyon qui soutient la création de micro-entreprises en permettant aux porteurs de projets de vérifier la faisabilité de leur projet ; ou bien une association (Sainte Hermine, 85) a pour objectif de mutualiser les moyens au service de l'insertion et du développement en milieu rural. Le développement résulte d'un *processus d'appropriation* par les personnes des ressources du territoire. Et cela se produit à travers une identification culturelle (« être de ce pays ») et le passage à l'acte d'entreprendre (« agir sur ce pays »). On peut remarquer que le résultat le plus probant de ce processus est le succès des produits dont la qualité est garantie par les acteurs locaux de production à l'aide des « labels » et autres « appellations d'origine contrôlée ».

II. LES ACTIVITÉS RÉALISÉES : LA SOLIDARITÉ EN ACTION

L'économie sociale est présente dans un grand nombre de secteurs d'activité. Elle joue un rôle important dans *le secteur financier* notamment dans la banque où les banques coopératives recueillent plus de 50 % de l'ensemble des dépôts.

L'économie sociale joue un rôle essentiel dans *la production des services aux ménages*, que ce soit dans le secteur sanitaire et social, dans le tourisme, dans le service aux personnes, des secteurs où les associations dominent. Elles interviennent en complément de l'action de l'État, soit en corrélation, soit en expérimentant des actions dans des secteurs délaissés par le marché et la politique.

Dans l'agriculture, l'économie sociale est très présente et joue un grand rôle car plus de 80 % des agriculteurs sont membres d'une coopérative. De même, les coopératives sont présentes dans les secteurs du *commerce et de l'artisanat.*

À l'inverse, l'économie sociale est très peu présente dans les secteurs qui consomment beaucoup de capital, c'est-à-dire la grande industrie. En effet, les entrepreneurs sociaux sont d'abord attentifs à répondre à des besoins sociaux collectifs, avant d'être des innovateurs sur le plan technologique. Cependant, on rencontre de nombreuses Scop dans l'industrie, le bâtiment et le service aux entreprises qui rassemblent souvent des artisans qualifiés soucieux de leur autonomie. En fin de compte, la pratique de l'économie sociale par les entreprises se heurte à deux sortes de limites :

– *des limites externes* pour les entreprises adoptant seulement une partie des principes de l'économie sociale : syndicats, comités d'entreprises qui constituent des organisations qui ne font pas partie de l'économie sociale instituée ;

– *des limites internes* pour les entreprises d'économie sociale qui prennent des décisions les éloignant des principes ou des valeurs fondatrices. Le principe le plus difficile à maintenir est celui de l'absence de rémunération du capital. Dans les secteurs agroalimentaires et bancaires, ce principe est menacé par la rémunération limitée du capital, la filialisation de sociétés anonymes par croissance externe, la cotation en Bourse. La plus grande diversité de situations existe, cependant, dans ces secteurs. Souvent, la question se pose pour savoir quelle est la limite à franchir dans la gestion par une entreprise pour quitter le mouvement de l'économie sociale ? À ce niveau, réapparaissent les critères de définition évoqués plus haut à savoir la notion de projet, le renforcement du sociétariat et la singularité de la gouvernance.

III. LA FINANCE SOLIDAIRE

Le microcrédit est inventé en 1976, comme outil de développement au Bangladesh, par le professeur d'économie Muhammad Yunus qui crée la première banque solidaire : *la Grameen bank*. Ensuite, l'ONU déclare l'année 2005 : année du microcrédit international qui est en progression constante. Le *Baromètre des finances solidaires 2006*[1] montre que le montant total de l'épargne solidaire atteint 888 millions d'euros (674 millions d'épargne d'investissement solidaire et 214 millions d'épargne de partage) à la fin 2005. C'est une hausse de 45 % par rapport à 2004, principalement portée par l'encours de l'épargne salariale (+ 111 %) et des livrets bancaires solidaires (+ 40 %). Le nombre d'*épargnants solidaires* dépasse la barre de 200 000 personnes fin 2005, nombre qui a quasiment doublé en deux ans.

Depuis l'origine, plus de **4 000 000 de microcrédits** ont pu être accordés avec l'appui des finances solidaires, à travers le financement local de 820 institutions de microfinance (IMF) dans 94 pays du Sud et de l'Est. 109 000 emplois ont pu être créés pour des personnes en situation de grande exclusion, à travers le financement de 60 000 projets, et plus de 6 000 familles traversant une période de précarité ont pu être logées. Ces crédits sont remboursés dans les délais pour 98 % d'entre eux.

Les deux *actions prioritaires* des finances solidaires se situent en France, à travers l'insertion de personnes défavorisées par le travail pour 40 % et l'insertion par le logement de personnes en difficulté pour 40 % tandis que les projets liés à l'environnement comptent pour 15 %, et 5 % pour le commerce équitable et les actions Nord-Sud.

1. Problématique de la microfinance

D'une part, il existe une *opposition entre la logique de marché et la logique de solidarité* qui utilise les instruments économiques libéraux dans une optique d'utilité sociale. Les activités d'utilité sociale sont des activités économiques *de petite taille*, et *ayant un caractère économique insérant* : exemple création d'emploi, accès au logement. Ces activités rencontrent de fréquentes difficultés pour trouver des prêts et surtout les fonds propres correspondant à leur besoin en raison de la faible rentabilité, font ces clients *peu attractifs* pour les intervenants financiers classiques.

D'autre part, les *circuits financiers solidaires* se servent d'outils classiques pour servir l'utilité sociale. Ils utilisent l'argent pour relier citoyens, opérateurs de terrain et initiatives locales. Ils remplissent un double

---

[1]. 4ᵉ éd. Finansol, La Croix, Ipsos.

rôle : d'un côté, ils contribuent au *financement d'activités d'utilité sociale* génératrices de richesse et d'emplois pour des personnes en difficulté, de l'autre, ils suscitent une *démarche nouvelle* chez les citoyens qui dirigent leurs choix d'investissement en fonction de critères éthiques, de solidarité et de proximité. C'est une incitation à être acteur *d'une humanisation de l'économie.*

Par ailleurs, le terme *d'épargne solidaire* est retenu pour définir l'argent qui est à la fois : une *épargne*, soit une somme confiée par un épargnant et qu'il entend retrouver ensuite, et une épargne *solidaire*, c'est-à-dire une épargne orientée vers des activités d'utilité sociale qui ne sont pas financées sur le marché et présentent une rentabilité financière moindre et un risque financier accru par rapport à une épargne classique. Divers obstacles juridiques et fiscaux se posent aux différents niveaux de ces circuits auxquels sont proposées des mesures.

2. Règles de fonctionnement du secteur bancaire inadaptées à la finance solidaire

Les prêteurs à intérêt de la finance solidaire sont de deux catégories :

– des *associations loi 1901* dont les activités sont très limitées (pas de collecte d'épargne, prêt uniquement sur fonds propres) et qui ne relèvent pas de la loi bancaire (ADIE, Caisse sociale de développement local) ;

– *des sociétés financières* qui relèvent de la loi bancaire et qui de ce fait en subissent toutes les contraintes (Caisse solidaire Nord-Pas-de-Calais, la NEF).

Ces sociétés financières solidaires sont soumises aux mêmes contraintes que les autres établissements de crédit :

– même cadre légal (loi bancaire de 1984, directives européennes, réglementation prudentielle établie par le Comité de Bâle) ;

– mêmes autorités de tutelle et de contrôle ; mêmes formalités (FICOBA : Fichier des Comptes Bancaires, BAFI : Base Financière, etc.) ; mêmes ratios prudentiels.

Mais, ces contraintes pénalisent la finance solidaire dont les conditions d'exercice ne sont pas comparables à celles des établissements de crédit classiques :

– l'exigence d'un capital minimum de 2,3 millions d'euros pour accéder au statut de société financière et de 5,4 millions € pour accéder à celui d'établissement de crédit est peu compatible avec ce secteur qui manque de capitaux propres et a souvent des difficultés à quitter le statut associatif ;

– l'activité spécialisée de ce secteur sur le financement de la création de TPE et PME constitue une contrainte particulière en matière de risque et de provisionnement ;

– les difficultés d'accès aux fonds de garantie type SOFARIS (inadaptés car trop contraignants) pénalisent ce secteur, qui plus que tout autre, de par sa taille et sa spécialisation a de faibles capacités d'absorption des sinistres ;

– l'accès à des prêts bonifiés est impossible compte tenu de la petite taille des organismes de la finance solidaire et de l'absence d'un organe central susceptible de mutualiser les enveloppes de prêts ou de bonifications.

En cas de constitution d'une société financière, la collecte d'épargne est restreinte à des comptes à terme de deux ans minimum. Par contre, en vue de faciliter la collecte des ressources, mieux vaut utiliser le statut de *société coopérative à capital variable* qui rend possible la croissance permanente du capital par de nouvelles souscriptions.

3. Les opérateurs de finance solidaire

Les organismes financiers de terrain, pour la plupart associatifs ou coopératifs, travaillent à l'insertion économique, l'amélioration du cadre de vie, les relations Nord-Sud.

• L'insertion par l'économique

Les crédits

L'organisme de terrain prête de l'argent à des taux souvent proches des taux de marché :

– *ADIE*, l'association pour le Droit à l'initiative économique reçoit des subventions de l'État, des collectivités locales et de l'Europe, elle a indirectement recours à l'épargne solidaire en partenariat avec le Crédit coopératif (Livret jeune solidarité emploi ADIE) ;

– *Caisse sociale de développement local Bordeaux,* le CSDL n'a pas recours à l'épargne solidaire, ses ressources proviennent de l'État et des collectivités locales ;

– *Caisse solidaire Nord-Pas-De-Calais,* la Caisse Nord-Pas-De-Calais a directement recours à l'épargne solidaire au travers des parts sociales de son capital, de son compte d'épargne solidaire et indirectement en partenariat avec le Crédit Coopératif (Livret solidaire de la Caisse Nord-Pas-De-Calais) ;

– *La NEF,* la société financière coopérative la NEF a directement recours à l'épargne solidaire au travers de ses comptes de dépôt à terme et de partage, des parts sociales dans son capital et indirectement en partenariat avec le Crédit Coopératif au travers du chéquier et du livret Crédit Coopératif – la NEF.

La garantie

L'organisme de terrain se porte garant auprès de l'organisme de financement, s'engageant à se substituer à l'emprunteur en cas de défaillance. En général, cette garantie est limitée.

– *France Active ;* outre des ressources provenant de subventions des collectivités territoriales et de concours privés bancaires, l'association France Active a recours à l'épargne solidaire au travers de produits de partage : Codesol, FCP Crédit Mutuel France Emploi, FCP Épargne Solidaire, Sicav Euro Solidarité et du FCP Insertion Emploi.

– *IDES,* l'Institut de développement de l'économie, association, n'a pas recours directement à l'épargne solidaire, mais ses ressources proviennent de l'État et des grands acteurs de l'économie sociale.

Le capital-risque

L'organisme de terrain réalise un *apport en fonds propres* à l'entreprise en entrant dans son capital. Il devient ainsi actionnaire ou sociétaire pour une part minoritaire et se retire du capital quand l'entrepreneur est en mesure de lui racheter sa participation.

– *Autonomie et Solidarité.* Cette coopérative de capital risque a directement recours à l'épargne solidaire au travers des parts sociales dans son capital.

– *Fédération des Cigales.* Les clubs Cigales, associations, sont en eux-mêmes des produits d'épargne solidaire de proximité, la fédération des Cigales, association, reçoit des financements publics et privés et possède des ressources propres émanant des cotisations des clubs Cigales.

– *Fédération Love Money pour l'Emploi.* Les associations Love Money Pour l'Emploi sont en elles-mêmes des produits d'épargne solidaire et la Fédération reçoit les cotisations des associations et diverses subventions publiques et privées.

L'accompagnement

Parallèlement à ces trois métiers de base, les organismes de terrain réalisent un important *travail d'accompagnement des entrepreneurs* qui peut prendre différentes formes : écoute, étude de viabilité des dossiers, conseil, formation, assistance dans les démarches administratives, suivi de l'activité après le financement. *Le réseau Entreprendre*, issu de la fondation Nord-Entreprise soutient des projets de création d'entreprise avec des prêts d'honneur et un accompagnement pendant trois ans.

- **L'insertion par le logement**

Pour des familles à capacité économique réduite, l'insertion par le logement permet d'accéder à un logement décent et de bénéficier d'un accompagnement social favorisant une véritable insertion. À l'aide des ressources provenant de subventions de l'État et de collectivités territoriales ainsi que des dons et cotisations des adhérents, *Habitat et Humanisme* (fédération et associations) a recours à l'épargne solidaire au travers de produits de partage (Assurance vie Habitat et Humanisme, FCP Épargne Solidarité Habitat) et la société foncière d'Habitat et Humanisme propose au public de souscrire aux actions dans son capital.

- **Relations Nord-Sud**

Devant les grandes difficultés que connaissent les pays du Sud et de l'Est, des organismes de solidarité agissent pour favoriser la mise en place d'un tissu économique et social, garant d'un développement durable. Leurs interventions recouvrent différents domaines (éducation, santé, agriculteur, droits de l'Homme, etc.), dont celui plus spécifique de l'appui aux petits producteurs et micro-entreprises, en leur permettant l'accès aux financements.

– *CCFD, le Comité Catholique contre la Faim et pour le Développement*, association, reçoit des subventions de l'État, de l'Europe et de collectivités territoriales, mais le CCFD a essentiellement recours aux dons privés et à l'épargne solidaire au travers de produits de partage FCP Faim et développement – premier fonds de partage mis sur le marché en 1983 à son initiative – et de la Sicav Euro Solidarité en partenariat avec le Crédit lyonnais.

– *Oïkocrédit*, l'association (ex-Scod) existe depuis 1975 et réunit, au travers de ses associations de soutien, de l'épargne solidaire sous forme de parts sociales dans son capital.

– *SIDI, la société d'Investissement et de Développement International,* créée en 1983 par le CCFD, établit des partenariats avec des acteurs locaux. Outre ses ressources négociées auprès de bailleurs de fonds, la Sidi a recours à l'épargne solidaire au travers des parts sociales dans son capital et indirectement au travers du CCFD par le produit de partage Faim et Développement.

4. La collecte de l'épargne solidaire

L'épargne solidaire est une façon d'investir en connaissant la destination de son argent et peut se manifester à différents niveaux du produit d'épargne solidaire :

– *soit au niveau des encours* (au moins 10 % de l'épargne collectée est destinée au financement d'activités solidaires, le reste étant investi dans les titres éthiques) ; ce sont les produits d'investissement solidaire ou produits éthiques à caractère solidaire ;

– *soit au niveau du revenu* (au moins 25 % du revenu de cette épargne sont destinés au financement d'activités solidaires, la totalité de l'épargne collectée étant investie dans des titres éthiques) ; ce sont les produits de partage ;

– *soit aux deux niveaux simultanément.*

• Avantages fiscaux

a) *Réduction d'impôt de 25 %* pour l'investissement dans des actions non cotées dans la limite annuelle de 40 000 € (couple) et 20 000 € (célibataire), si les titres sont conservés durant cinq ans. Cet avantage représente l'équivalent d'une performance annuelle garantie de l'ordre de 5 % par an, pendant cinq ans, nette d'impôt.

b) *Réduction d'impôt* de 66 % à 75 % d'IR (selon l'action de l'organisme bénéficiaire) des dons dans les produits d'épargne solidaire pour les particuliers, dans la limite de 20 % du revenu imposable, et *réduction de 60 % du montant IS* pour les entreprises (limite 5 % du chiffre d'affaires, reportable sur cinq ans).

c) *Fonds communs de placement d'entreprise solidaire (FCPES)* : depuis 2003, exonération d'IR des sommes versées dans le cadre de la participation des salariés si conservées cinq ans minimum, et l'entreprise peut constituer en franchise d'impôt une provision pour investissement de 35 % des sommes versées.

• Produits d'assurance-vie et produits financiers

Une partie des encours ou des revenus sont versés à des organismes de terrain solidaires : sous forme d'Assurance-vie, de Sicav et de Fonds Communs de Placement, de Sicav et Fonds Communs de Placement d'Investissement Solidaire.

• Produits bancaires

Les encours d'épargne et/ou une partie des revenus sont utilisés pour le financement de projets solidaires : *CODEVI (*ce sont des produits défiscalisés et l'épargne est disponible à tout moment), *les Comptes à terme et Le Livret d'épargne.*

• Actions et parts sociales

a) L'épargnant devient *actionnaire d'organismes de terrain* qui financent des activités d'utilité sociale.

– *Habitat et Urbanisme*, pour l'obtention de prêts et subventions destinés à l'acquisition de logements ;

– *Autonomie et Solidarité* (statut coopératif), c'est une épargne à finalité régionale (Nord-Pas-De-Calais) ;

– *Initiatives pour une Économie Solidaire (IES),* à l'utilité régionale Midi-Pyrénées-Toulouse ;

– *Garrigue*, c'est une épargne dans le développement local et durable ;

– *la NEF* ;

– *la SIDI* pour des actions en France et en Amérique latine ;

– *Oïkocrédit*, au travers d'associations de soutien à Oikocredit dans différents pays.

b) L'épargnant devient *directement actionnaire d'entreprise d'utilité sociale* à travers un club ou une association d'investisseurs : par les

Clubs Cigales (pour les créateurs d'entreprises) et les associations Love money pour l'Emploi (pour des sociétés anonymes en création, en développement, en transmission ou en difficultés surmontables).

IV. LE RÔLE DES ASSOCIATIONS

Depuis les années 80, ce sont les associations qui ont connu les évolutions les plus rapides en termes de création ou en termes d'activité. Cette évolution confirme ce que les statistiques nationales sur la création d'entreprises indiquent. Moins de 20 000 associations sont créées chaque année durant la décennie soixante. La courbe ascendante débute vers 1970-71 où on dépasse les 30 000 créations annuelles, ensuite le mouvement continue : en 1986 on atteint les 50 000 créations et à partir de 1992 on passe à 62 000 nouvelles associations par an. En analysant le solde des créations et des disparitions d'associations, on obtient un accroissement annuel moyen du nombre *d'associations vivantes de 37 000*. Cette multiplication s'explique largement parce que les pouvoirs publics, durant cette période, ont *mis en œuvre des politiques sociales* fortes et ont initié de nombreuses incitations à la création d'associations :

– par le financement des établissements sanitaires et sociaux conventionnés par la sécurité sociale ;

– par le vote de la loi de 1971 sur la formation continue qui va profiter largement au secteur privé de formation à but lucratif ou non ;

– par l'encouragement du ministre de la Culture à la création des maisons de la culture, des maisons de jeunes ;

– par l'instauration d'une politique sociale en faveur des personnes en difficulté d'insertion ;

– par la mise en œuvre d'une politique de la Ville ;

– par la reconnaissance de processus de développement local.

Les encouragements des pouvoirs publics au fonctionnement des associations ont une preuve dans l'importance des subventions publiques accordées. Si le *financement privé* des associations représente 46 % répartis en cotisations (9,9 %), dons des particuliers (1,4 %), mécénat (3,8 %) et recettes des activités à hauteur de 31,2 % (vente de billets), le *financement public est supérieur* avec 54 % se répartissant entre les communes (15,2 %), l'État (15 %), les départements (9,3 %), les organismes sociaux (8,6 %), les régions (2,9 %) et l'Europe (1,2 %).

L'étude du Centre d'économie de la Sorbonne de 2007, dirigé par la chercheuse du CNRS Viviane Tchernonog, donne un état du paysage associatif français qui comprend un nombre total de 1 100 000 associations. Effectuée en 2005 et 2006, grâce au concours de 1 725 mairies et près de dix mille associations, cette enquête offre des indications nouvelles sur le *poids économique considérable* des associations :

– un *budget cumulé* de 59 milliards d'euros, environ 3,4 % du produit intérieur brut, PIB ;

– un *volume d'emploi* de 1 050 000 emplois en équivalent temps plein, auquel il faut ajouter le concours de 15 à 18 millions *de bénévoles* (935 000 emplois en équivalent temps plein), ce qui représente environ 5 % de l'emploi total en France. Le nombre de bénévoles est en augmentation, et se dirige plus volontiers vers les petites associations à vocation militante (action humanitaire, défense de causes). Le bénévolat est défini ainsi par l'Avis du Conseil économique et social du 24 février 1993 : « Est bénévole toute personne qui s'engage librement pour mener une action non salariée en direction d'autrui, en dehors de son temps, professionnel et familial. »

Par ailleurs, seules 16 % des associations sont employeurs, soit environ 145 000 associations. On peut comprendre ce travail des associations à l'aide de la répartition des 1 050 000 salariés ETP d'associations dans quatre secteurs que sont le secteur sanitaire et social avec 440 000 équivalents temps plein (ETP), le secteur éducatif avec 193 000 ETP et les secteurs culturel et sportif qui regroupent chacun 98 000 ETP (total 1 050 000 ETP).

Le *secteur sanitaire et social* est, en effet, le plus développé et comprend les associations d'aide aux handicapés, aux personnes âgées, de lutte contre la pauvreté, de solidarité. Dans cette catégorie, entrent également les entreprises d'insertion par l'économie, la restauration. Puis, vient le *secteur éducatif* pour l'enseignement privé religieux ou non. Ensuite, *le secteur culturel et sportif* englobe l'insertion par la culture et le sport, l'insertion par l'économique autour du patrimoine naturel et historique, les cafés lecture. Les projets d'insertion par l'activité économique sont définis d'après le Code du Travail, comme une démarche ayant pour objet de « permettre à des personnes sans emploi, rencontrant des difficultés sociales et professionnelles particulières de bénéficier de contrats de travail en vue de faciliter leur insertion sociale et professionnelle ». Et enfin, il faut mentionner comme activité le développement rural local, et le secteur sports et loisirs.

Ces chiffres statistiques mettent en lumière l'importance économique des *associations gestionnaires,* c'est-à-dire celles qui *sont entrées en économie* et produisent des services marchands ou non marchands en réponse à des besoins sociaux, par opposition aux associations qui ont en priorité un rôle de revendication ou d'expression. Les établissements et services sanitaires et sociaux, les maisons de la culture et les MJC, les organismes gestionnaires de l'enseignement catholique, les associations d'éducation populaire ou de tourisme social et les entreprises d'insertion sont formellement des associations gestionnaires. Néanmoins, les catégories ne sont pas vraiment tranchées, car on rencontre des *associations militantes* employant des salariés, même en nombre réduit et de nombreuses *associations gestionnaires*, issues du bénévolat qui conservent un rôle actif de revendication et présentent une véritable utilité sociale d'opinion auprès des pouvoirs publics. Dans le domaine de la lutte contre la pauvreté par exemple, l'action du collectif Alerte rassemble 41 fédérations et associations nationales du secteur social.

V. LE RÔLE DES FONDATIONS

En France, il existe fin 2006 de 1850 à 1900 fondations de toutes natures dont 500 reconnues d'utilité publique par décret du Premier ministre, 150 fondations d'entreprises qui doivent être autorisées par arrêté préfectoral, pour cinq ans renouvelables (elles ne peuvent pas faire appel à la générosité publique). Enfin, les 1 200 autres fondations sont abritées, c'est-à-dire sont placées sous l'égide de l'Institut de France ou de la Fondation de France qui s'occupent de leur gestion. Les créateurs de fondations sont en 2006 pour leur majorité des personnes physiques à raison de 46 %, ensuite viennent les associations pour 16 % et les entreprises pour 15 %

Les principaux domaines d'intervention se répartissent à égalité dans l'action sociale et humanitaire pour 22 %, les arts et la culture pour 21 %. Quant au mécénat vert, il est encore minoritaire.

Citons quelques exemples d'interventions de fondations d'entreprises :

– la fondation France Télécom agit contre l'autisme comme trouble de la communication ;

– la fondation Groupama agit dans la lutte contre les maladies rares ;

– la fondation internationale Carrefour fait des interventions en cas de catastrophes, et des programmes de microcrédit dans les pays où le groupe Carrefour est installé ;

– la fondation Schneider Electric agit pour l'insertion des jeunes à un niveau international ;

– la fondation Brasseries Kronenbourg soutient des initiatives de convivialité dans les zones défavorisées.

VI. LE RÔLE DES MUTUELLES

Au début du XXe siècle, les agriculteurs créent des mutuelles pour s'assurer contre le risque de mortalité du bétail et contre les intempéries qui ravagent les récoltes. Pendant l'entre-deux-guerres, les instituteurs s'associent pour assurer collectivement leurs automobiles, et créent la Mutuelle assurance-automobile des instituteurs de France (Maaif devenue la Maif). Aujourd'hui, les mutuelles, qu'il s'agisse des mutuelles de santé ou des mutuelles d'assurance, constituent une branche importante de l'économie sociale et concernent plusieurs dizaines de millions de personnes. Pour mieux concurrencer les assureurs privés, elles veulent démontrer qu'elles peuvent proposer des services à grande échelle en dehors de la sphère privée et capitaliste. Par exemple, la cotisation à une mutuelle de santé n'est pas indexée sur l'état de santé.

Les 3 000 mutuelles de santé sont réunies au sein de la Mutualité française (Fédération nationale de la mutualité française – FNMF) et régies par le code de la mutualité, tandis que les 18 mutuelles d'assurance des biens et des personnes (Macif, Maif, Matmut, etc.) sont fédérées au sein du groupement des entreprises mutuelles d'assurances (Gema) et régies par le code des assurances. La Mutualité française protège 36 millions de personnes et la Gema compte 17 millions d'assurés. Très peu de mutuelles sont créées en France aujourd'hui ; la dernière née est la Mutuelle des motards en 1983, l'Assurance mutuelle des motards (AMDM) forte de 160 000 sociétaires.

Cependant malgré leur succès et leur originalité, car elles fonctionnent sans capitaux autres que ceux apportés par les sociétaires – et les mutuelles ont atteint des tailles très importantes – elles évoluent dans un contexte difficile, parce que les directives européennes tendent à aligner le statut des mutuelles sur celui des assureurs privés. Dans de nombreux pays on assiste à une démutualisation, soit une transformation d'une mutuelle en société d'assurance privée.

VII. LE RÔLE DES COOPÉRATIVES

Historiquement, les coopératives (filles de la misère, a-t-on pu dire) sont nées à l'initiative des agriculteurs, par réaction à une crise économique, voire par révolte contre le négoce :

– 1880 : contrôle de qualité des engrais par création des coopératives d'approvisionnement ; phylloxéra ; reconversion du vignoble charentais vers la production laitière ;

– début 1900 : mévente du vin et création de nombreuses caves coopératives ;

– 1930 : écoulement des cours du blé et création des silos coopératifs sous l'impulsion de l'OIB (devenue ONIC) ;

– 1960 : coopératives de viandes et de fruits et légumes, pour lutter contre les fluctuations des cours.

De plus, au début du XXe siècle, les coopérateurs avaient l'ambition de rompre avec le salariat, tandis qu'au début du XXIe siècle le salariat concerne 80 % des actifs et que la majorité des protections sociales sont rattachées à la condition salariale. Cependant l'abolition du salariat traduit davantage la recherche de rompre le lien de subordination des travailleurs vis-à-vis des propriétaires de capitaux. Par conséquent, le projet demeure tout en s'adaptant. Son objet est davantage de favoriser *l'autonomie des travailleurs* dans l'exercice de leur métier. La coopération a une portée éthique, car la coopération introduit dans la relation économique et sociale, un *troisième élément : la fraternité*. La coopération saura évoluer, car elle est fondée non pas sur une culture doctrinaire, mais sur une culture d'adaptation aux changements et d'expérimentation permanente.

Le mouvement d'associationisme économique a pris des formes particulières selon les secteurs, bientôt relayé par des politiques d'État qui lui ont donné des formes juridiques spécifiques. On peut tracer les principales étapes pour l'agriculture, l'artisanat, la pêche et les transports.

1. Dans l'agriculture

La coopération à vocation économique, de même que l'assurance mutuelle, s'est développée en lien avec le syndicalisme agricole. Établie sur une base communale, elle assurait la *mutualisation* des achats de fournitures et de certains services dans les zones de polyculture. En revanche, dans les zones de monoculture, la coopération organisait la collecte, la transformation et la distribution des produits : en 1888, la première coopérative laitière vit le jour, de même pour la première coopérative viticole en 1891.

Puis, la coopération a servi de *rempart à l'État* pour faire face aux crises agricoles. En 1908, les coopératives viticoles ont reçu le financement du Crédit Agricole pour aboutir à la régulation de la surproduction. Plus tard, la crise des céréales de 1935 a facilité le développement des coopératives céréalières en vue de stabiliser le marché. Les coopératives ont été un moyen privilégié de la *défense de l'agriculture* artisanale en facilitant le fonctionnement de la petite exploitation familiale sur une base villageoise et en épousant les conflits politiques et religieux de la « république au village ».

• L'approvisionnement

Pour faire face aux contraintes nouvelles de l'environnement de l'après-guerre, les coopératives d'approvisionnement des agriculteurs créent des centrales d'achat nationales qui fusionnent en plusieurs étapes pour faire émerger aujourd'hui, Invivo, premier groupe européen *des services à l'agriculture*. Dans les années 1980, le réseau se tourne vers le marché des particuliers en créant la franchise Gammvert, concept de magasin de proximité (jardin, bricolage, alimentation animale), d'abord orienté vers la clientèle rurale, puis étendu au milieu urbain et à l'étranger (Pologne). Avec 670 magasins et 500 millions d'euros de chiffre d'affaires, Gammvert est aujourd'hui l'un des leaders de son métier pour un public mixte d'agriculteurs et de particuliers.

• L'équipement en matériels

En parallèle, se développent de nouvelles coopératives de proximité mutualisant les équipements nécessaires à la modernisation des exploitations, les coopératives d'utilisation du matériel agricole (CUMA) qui sont 13 300 en 2006.

- **La distribution**

Dans les années 1960, on observe un renouveau du mouvement coopératif stimulé par la modernisation de la distribution et le développement des industries agroalimentaires. Face à la grande distribution, se forment de nouvelles coopératives dans les secteurs de la viande et des fruits et légumes. Ces coopératives prennent la forme nouvelle de société d'intérêt collectif agricole (SICA) qui permet d'associer des capitaux extérieurs. Elles travaillent avec les centrales d'achat de la grande distribution. Puis, elles entrent dans un processus *d'intégration verticale de l'aval* : elles contrôlent 17 % des industries agroalimentaires en 1968, 30 % en 2006. Cette diversification se fait par filialisation pour des raisons juridiques, financières et organisationnelles. Ainsi, des groupes importants se constituent. Les coopératives agricoles représentent un *poids économique déterminant* dans le paysage agricole et alimentaire, pour l'année 2006 :

– leur chiffre d'affaires global est évalué à près de 78 milliards d'euros (en incluant les filiales) ;

– à la suite des fusions, sur les 6 000 coopératives de 1965, il reste en 2006, 3 200 entreprises industrielles et commerciales (coopératives, unions et SICA) et 13 300 CUMA, plus de 1 500 filiales type SA, SAS, SARL (dont 350 dans l'industrie de transformation), au moins 150 000 salariés permanents ;

– 75 % des agriculteurs sont membres d'une coopérative.

Quant aux *secteurs d'activité*, en importance, le premier secteur est celui des céréales – nutrition animale avec 36 % du chiffre d'affaires des coopératives agricoles, suivi de la viande (21 %) et des produits laitiers (18 %). En nombre d'entreprises, le secteur du vin arrive en première position avec une part de 38 %, rassemblant plus de 800 caves et unions. Ce secteur est caractérisé par quelques importantes entreprises coopératives et une multitude de petites caves.

La part la coopération agricole dans *la création de valeur ajoutée* du secteur agricole n'apparaît pas suffisamment importante (soit 16 %) eu égard à une part de marché sur chiffre d'affaires de 23 % dans la transformation agroalimentaire. Aujourd'hui, près de 45 % des coopératives ont à titre principal une activité industrielle, le plus souvent filialisée. Cependant, cet écart s'explique par une présence plus importante des coopératives sur des activités peu rémunératrices (industries de première transformation, produits peu transformés ou peu marquetés).

2. Dans le commerce de détail

La coopération commerciale est née également du syndicalisme professionnel, car les épiciers furent confrontés à la fin du XIXe siècle, d'une part au succursalisme et aux grands magasins naissants, d'autre part aux coopératives de consommateurs qui étaient au cœur du mouvement coopératif. Le mouvement s'est structuré après la guerre de 1914, au sein des centrales d'achat : Unico et Codec. Après la Seconde Guerre mondiale, les coopératives d'achat se développent aussi dans le secteur non alimentaire comme le meuble et la chaussure. Mais, il faut attendre les bouleversements introduits par la création des supermarchés (1957) et des hypermarchés (1963) et des centres commerciaux (1970) pour que le commerce indépendant soit entraîné dans le même mouvement.

Dans l'alimentaire, Unico sous l'enseigne Système U se développe sur le marché des super et hypermarchés. En effet, les épiciers des années 1960 organisés en coopératives locales se structurent au début des années 1970 autour du concept de supermarchés à l'enseigne U et de coopératives régionales. Le dispositif épouse la diversification en hypermarchés et supermarchés. Il regroupe 863 magasins, mais avec plus de 15,6 milliards d'euros de chiffre d'affaires en 2006, il est au 3e rang des groupes de commerce alimentaire. De son côté, Leclerc (1er rang) organise son réseau en coopérative. L'internationalisation s'effectue par joint-venture ou rachat plutôt que sous forme d'adhésion, ce qui constitue une formule plus coûteuse, mais c'est souvent faute de trouver à l'étranger des entités comparables pour des fusions qui n'altèrent pas leur nature propre.

Dans le non-alimentaire, les coopératives (20 % du commerce de détail) maintiennent et développent la part de marchés des commerçants indépendants dans un nombre significatif de métiers. On constate que la forme coopérative se développe plus facilement dans les commerces où la dimension métier est forte : optique (Optic 2000, Krys), pharmacie (Giropharm), articles de sport (Intersport, Sport 2000), bijouterie (Guilde des orfèvres), électroménager (Gitem), avec un relais d'émergence d'enseignes coopératives dans les services : agences de voyages (Sélectour), immobilier (L'Adresse), hôtellerie (Best Western). Cependant, ces coopératives ont profondément changé de nature par rapport aux groupements du début du 20° siècle. Ce ne sont plus de simples centrales d'achat, mais des entreprises qui gèrent des stocks et en développant un marketing d'enseigne, sont devenues le centre *d'impulsion de la stratégie commerciale du réseau.* Par ailleurs, comme pour les coopératives agricoles, les besoins de financement peuvent amener à se constituer en groupe, en filialisant des activités ouvertes à des capitaux non coopératifs.

Au 1er janvier 2007, le Commerce Associé composé de groupements indépendants appartenant ou dirigés par des coopérateurs, représente 106,5 milliards d'euros de chiffre d'affaires TTC, soit 26 % du commerce de détail français, avec 65 groupements de commerçants développés en 36 200 points de vente.

3. Dans l'artisanat

L'artisanat recouvre deux ensembles de métiers. D'abord, l'artisanat alimentaire (bouchers, charcutiers, boulangers) et la coiffure se sont organisés dès la fin du XIXe siècle sous la forme de syndicats professionnels, et comme dans l'agriculture et le commerce, ils ont généré des coopératives d'achat et de services ainsi que des mutuelles d'assurances. Sur le même modèle, les artisans taxis ont créé dans les années 1960 des coopératives pour gérer des centraux téléphoniques. Ensuite, les artisans exercent *un métier dépositaire de savoir-faire* à forte valeur ajoutée, vendant sur le marché local et n'ont pas beaucoup éprouvé le besoin de se regrouper ni pour acheter, ni pour vendre. Moins de 10 % d'entre eux sont regroupés en coopératives contre 90 % des agriculteurs.

Dans le *secteur de la coiffure,* toutefois, se développent des coopératives d'achat à partir de l'après guerre. Et par le jeu de rachat de coopératives locales, la coopérative locale d'approvisionnement de Metz a réussi en 20 ans à construire un groupe qui fait jeu égal avec le principal négoce privé de fournitures pour coiffeurs. De plus, le rachat en 2002 de Hair club lui permet de développer ses services et de s'ouvrir à une politique d'enseigne.

Par ailleurs, depuis une quinzaine d'années, de nouvelles coopératives d'achat se créent dans l'artisanat. Le mouvement est observable dans le bâtiment, dans la réparation automobile, dans les services à l'agriculture où se sont constituées des unions de coopératives qui sont devenues des acteurs significatifs des filières de distribution. En 2006, on dénombre 329 coopératives et groupements qui dégagent un chiffre d'affaires de 800 000 millions d'euros et regroupent 55 000 entreprises sociétaires, ce qui représente un emploi de 2 600 salariés des coopératives et groupements.

4. Dans la pêche maritime

Comme dans les secteurs précédents, les bases coopératives des pêches maritimes reposent sur la solidarité des communautés de métier qui développent conjointement syndicalisme, mutualité, coopération de crédit et d'achat. Les premières coopératives d'achat se créent en 1895 et poursuivent leur développement en lien étroit avec le Crédit Maritime créé en 1913.

• L'amont de la filière

À partir des années 1960, les coopératives deviennent un élément essentiel de modernisation de la pêche artisanale par le financement des bateaux : elles achètent et cèdent progressivement des parts de bateaux aux artisans pêcheurs. Aujourd'hui, quelque 2 000 navires sont *sous armement coopératif*. Les coopératives s'investissent aussi dans le mareyage et la conservation. Enfin, la politique communautaire de régulation de la pêche entraîne la création de groupements coopératifs de producteurs qui jouent un rôle de plus en plus déterminant dans la rationalisation des plans de pêche. Sur 17 000 artisans pêcheurs, 80 % adhèrent à des coopératives.

• L'aval de la filière

Cependant, les amorces d'intégration aval ne débouchent pas comme dans l'agriculture, sur les mêmes réussites. Face aux centrales d'achat de la grande distribution (qui parfois intègre l'amont de la filière poisson, comme Intermarché), les petites conserveries coopératives ne résistent pas. Toutes disparaissent à la fin des années 1990.

Il semble que la coopération maritime ait souffert de son implantation dans le cadre géographique limité des ports d'embarquement, qui a constitué un obstacle à la construction d'une filière aval adaptée à la demande des centrales d'achat. De plus, l'armement a toujours été considéré comme la partie noble de la filière par rapport à la conserverie. On constate que les industriels de la pêche ont massivement investi dans la transformation parfois sous la forme coopérative, sans se soucier de la flotte de pêche. En définitive, les coopératives de pêcheurs contribuent à *maintenir un artisanat vivant* dans l'amont de la filière, mais à *faible valeur ajoutée* tandis que l'aval, à plus forte valeur ajoutée, est abandonné à l'industrie liée à la grande distribution. En 2006, il faut compter 158 coopératives employant 1 200 salariés, ce qui représente 2 000 entreprises de pêche associées employant 8 000 personnes.

5. Le transport

Le transport routier de marchandises prend réellement son essor dans les années 1950-1960 avec la prééminence progressivement affirmée de la route sur le fer dans un marché en forte expansion. Se constitue ainsi un tissu très dense de 42 000 entreprises, le plus souvent de taille artisanale (77 % ont moins de cinq salariés). L'idée de regrouper les petites entreprises de transport naît dans le transport de fruits et légumes par *imitation du modèle coopératif agricole*. C'est en 1963 que le mouvement débute et se développe particulièrement sur le marché de proximité des bennes de travaux et de transport de céréales, et pour certains groupements sur des flux de grande distance pour l'industrie et la grande distribution. La coopération permet aux petites entreprises l'accès au marché des grands chargeurs industriels ou des distributeurs par la constitution de réseaux et la mutualisation des moyens (flottes importantes, achats, fonction commerciale) ainsi que du risque financier.

Dans les années 1990, des PME voient dans le regroupement coopératif une formule d'optimisation et de flexibilisation des flux face à des clients de plus en plus concentrés et internationaux. C'est le cas du déménagement dont les principales enseignes sont sous statut coopératif, avec des extensions à l'international par GIE européen.

De leur côté, les transporteurs doivent se coordonner pour servir des marchés nationaux puis européens. Par exemple, la coopérative Astre, premier groupement de transport, réussit à rassembler en dix ans une centaine de PME de transport de lots industriels représentant 14 000 immatriculations avec une extension dans toute l'Europe de l'Ouest. En 2006, la Fédération des coopératives de transporteurs représente environ 1 000 entreprises regroupées en 100 coopératives employant 8 000 salariés ; elle cherche aussi à promouvoir actuellement des formules de groupement sous forme de société classique afin de rapprocher plus facilement des entreprises de taille différente.

6. Les autres secteurs : professions libérales, PME

Dans les autres secteurs d'activité, l'organisation coopérative n'a pas la même visibilité. D'une part, dans les professions libérales classiques, l'exercice individuel de l'activité est privilégié. Il n'y a guère que les pharmaciens qui aient créé des coopératives d'achat dans une logique de commerçants détaillants. D'autre part, les PME ont connu depuis une vingtaine d'années l'émergence de sociétés coopératives dans deux domaines principaux. D'abord, certaines filières ont pu y trouver la voie au marché national par la mutualisation de leur démarche commerciale. On rencontre cela par exemple dans *le négoce des pièces détachées de l'automobile* avec des coopératives comme 3G et Starexcel qui développent une politique d'enseigne auprès de leurs clients réparateurs auto (AD, Top garages). L'autre secteur est représenté par la *meunerie indépendante* regroupée initialement dans la coopérative Banette (aujourd'hui SAS). Dans les deux cas, ce sont les fournisseurs qui ont structuré commercialement la filière pour compenser l'absence d'organisation coopérative forte des artisans mécaniciens ou boulangers.

7. Les coopératives de crédit

Pour faire face aux difficultés du financement bancaire, la formule coopérative est apparue particulièrement efficace en ayant tendance à supplanter les sociétés de développement régional – SDR – créées dans les années 1970 pour le même objet. À l'origine, les banques coopératives ont été créées et se sont développées pour répondre à des besoins non satisfaits de catégories socioprofessionnelles particulières (agriculteurs et artisans notamment) et faciliter l'accès au crédit à « un juste prix ».

Quatre grandes évolutions sont venues percuter l'organisation bancaire à partir des années 1980. En premier lieu, *la loi bancaire de 1984*, complétée par la loi de 1996, consacre la despécialisation et le décloisonnement des circuits de financement afin de stimuler la concurrence entre intermédiaires financiers, ce qui remet en cause la spécialisation des banques coopératives en tant que banques de détail en direction des ménages et petits entrepreneurs. Dans le même temps, on assiste à *un vaste mouvement d'innovations financières* qui se traduit par la mise en place de nouveaux marchés et de nouveaux produits (MONEP, MATIF, marché des titres de créances négociables). Les *banques coopératives*, structurées jusqu'alors en réseaux, *se restructurent* au sein d'un périmètre plus large « le groupe coopératif ». Au sein de ces groupes coopératifs, coexistent donc des établissements de statut juridique divers (coopératives ou SA), ce qui peut introduire un risque de banalisation.

Le contexte est aussi celui d'une *concurrence acharnée* dans l'industrie bancaire en raison de l'évolution de la réglementation européenne dont l'objectif est la construction d'un espace financier européen unifié. Les pouvoirs publics s'appuient en France sur les banques coopératives pour contribuer aux *restructurations*. Cette tendance est repérable dès la fin des années 1990, Ils ont favorisé à partir de 2001 l'acquisition de Natexis par le groupe Banque Populaire et les banques du groupe CIC par le Crédit Mutuel en 1998, tandis qu'en 1999, le groupe Caisse d'Épargne rachète le Crédit Foncier et se transforme en groupe coopératif.

À partir de 2001, les opérations les plus importantes se font dans le secteur de l'économie sociale. La Caisse nationale du Crédit Agricole est introduite en Bourse (Crédit Agricole SA), les Caisses d'Épargne et la Caisse des Dépôts et Consignations regroupent leurs activités concurrentielles au sein de Eulia. En 2002, le Crédit Agricole rachète Finaref et en 2003 prend le contrôle du Crédit Lyonnais. Et le Crédit Coopératif intègre le groupe des Banques Populaires. Enfin, l'évolution de la *réglementation prudentielle à l'échelon international* contraint les établissements de crédit, qu'ils soient de forme coopérative ou SA, à détenir un minimum de fonds propres en corrélation aux risques de leurs activités Les banques coopératives rencontrent des difficultés dans l'application de cette réglementation qui semble *en contradiction avec les principes de solidarité*.

Mais, les banques coopératives françaises se sont plutôt bien adaptées. En termes de marché, les données économiques n'accréditent pas clairement l'idée d'une banalisation. Dans les années 2000, la part de marché occupé par les réseaux bancaires coopératifs reste importante : ils comptabilisent plus de 50 % des dépôts et plus de 60 % des crédits aux PME-PMI. En effet, leur pénétration est forte en direction des directions des PME-PMI fortement créatrices d'emploi, dans les villes de taille moyenne et en milieu rural, en direction des familles et leur clientèle est en moyenne moins aisée que celle des banques commerciales. En outre, dans les vingt dernières années, les banques coopératives ont largement favorisé l'émergence et le *développement du microcrédit* en direction de porteurs de projets rencontrant des difficultés d'insertion. Elles ont contribué en partenariat avec les acteurs publics et un certain nombre d'associations (des Plates-formes d'Initiatives Locales, l'Association pour le Droit à l'Initiative Économique et des Boutiques de gestion notamment) à rendre viable des dispositifs innovants. Pour cela, les banques coopératives ont développé des *produits d'épargne solidaire* – que l'on peut aussi qualifier d'épargne de partage – qui a comme fonction de soutenir financièrement des entreprises ou des associations dont les missions sont d'intérêt général, humanitaire, environnemental ou social. À l'inverse, ce sont les banques SA qui ont développé les *fonds éthiques* qui sélectionnent les entreprises en fonction de leur respect d'un certain nombre de valeurs et de principes

La recherche de la taille critique suscite des opérations de fusion et d'alliance au niveau national, puis européen, – évolution nécessaire dans les produits alimentaires de base et les marchés de produits de consommation les plus mondialisés (par exemple articles de sport). Il en résulte que toutes activités confondues, le nombre de coopératives a tendu à diminuer souvent fortement (agriculture, commerce) à partir des années 1970-1980. Néanmoins, les coopératives françaises ont progressé dans l'européanisation de leur marché, dans le commerce non alimentaire (articles de sport, meubles, chaussures, bricolage), le transport (déménagement), les services (agences de voyages, hôtellerie).

Au-delà de ces *tendances à l'ouverture extérieure*, on observe les traits communs aux différents acteurs du réseau coopératif que sont d'une part, la préservation et l'adaptation à l'environnement, d'autre part le développement d'un tissu d'entreprises indépendantes. Même si pour le consommateur final, il peut y avoir indifférenciation entre le service de Carrefour et celui de Système U, entre le produit vendu par un groupe de l'agroalimentaire et celui d'un groupe coopératif, il faut savoir que la répartition de la valeur dans les groupes coopératifs favorise les entrepreneurs coopérateurs *enracinés dans les territoires*, et donc facteurs de *développement durable*.

Chapitre 3

Régime juridique et fiscal des associations et des fondations

I. LE RÉGIME JURIDIQUE DES ASSOCIATIONS

C'est une technique d'organisation du patrimoine de l'entreprise qui est utilisée dans tous les secteurs d'activité, marchands et non marchands.

1. Le contrat d'association

La loi de 1901 définit l'association comme « la *convention* par laquelle deux ou plusieurs personnes mettent en commun, d'une façon permanente, leurs connaissances ou leur activité dans un but autre que de partager les bénéfices ». L'association doit avoir un *objet statutaire licite*. La preuve du contrat est représentée par les statuts dont la rédaction est très libre dans la loi de 1901 (et celle de 1908 pour les associations d'Alsace-Lorraine).

Si les fondateurs décident de *déclarer* l'association à la préfecture, ils doivent *déposer les statuts écrits*, cela fera l'objet d'une publicité au journal officiel. Ainsi, l'association sera dotée de la personnalité morale. En outre, les associations doivent se doter d'un règlement *intérieur* qui n'est pas opposable aux tiers de l'association.

L'association ne peut *pas avoir pour objet le partage des bénéfices*. Ce qui signifie nullement qu'il soit interdit de réaliser des bénéfices (une association peut exercer une activité commerciale), mais seulement qu'elle ne peut les partager entre ses membres pendant ou à la fin de la vie sociale. Les excédents doivent être consacrés à l'objet social. En l'absence de définition légale, on s'accorde à considérer que l'objet de l'association est l'activité qu'elle se propose d'exercer pour atteindre le but fixé appelé aussi *projet associatif*.

Par ailleurs, *la démocratie* est un trait caractéristique de l'association, une démocratie qui laisse ou non une place différente aux fondateurs ou à certaines catégories de membres. La loi dispose : « mettent en commun de façon permanente ». C'est cette permanence qui permet de distinguer l'association de la réunion momentanée. L'association s'inscrit nécessairement *dans la durée,* une durée qui peut être brève, mais qui manifeste un minimum de souci de persévérer dans l'être.

Enfin, aucune association ne peut fonctionner sans un *minimum de moyens*. La loi prévoit « la mise en commun de connaissances et d'activités ». L'association a recours à d'autres moyens en mobilisant des ressources propres et en faisant appel, le cas échéant, à des concours extérieurs, par des procédés à déterminer ensemble.

2. Le patrimoine et les ressources

Toute association déclarée et dotée de la personnalité morale possède un patrimoine propre. La loi énumère les biens qu'une association peut posséder : les cotisations de ses membres, le local destiné à l'association, les immeubles nécessaires à l'accomplissement de son but. Mais, l'association peut demander aux nouveaux adhérents, en plus de la cotisation, un droit d'entrée. Les libéralités ne sont autorisées qu'en faveur des associations reconnues d'utilité publique.

Les bénéfices *ne doivent pas être distribués* aux membres de l'association. Mais, une association peut placer librement ses disponibilités et organiser des ventes de bienfaisance, six par an au maximum. Depuis la loi de 1985, les associations peuvent procéder à une émission d'obligations. À ce moment, l'association doit demander son immatriculation au registre du commerce et des sociétés et est tenue de nommer un commissaire aux comptes. Un des problèmes les plus épineux à trancher est de savoir si l'activité commerciale de l'association est licite.

La loi NRE (nouvelles régulations économiques) du 15 mai 2001 a introduit dans la loi bancaire de 1984 une dérogation en faveur des associations qui peuvent être *autorisées à accorder des prêts* à la création et au développement des entreprises à condition d'être habilitées. Cette habilitation peut être obtenue pour trois ans. Cette évolution permet à certaines associations spécialisées d'accorder des *microcrédits* dans le cadre de financement solidaire.

3. Les droits et les devoirs des sociétaires

La liberté d'association implique la liberté d'adhérer ou de ne pas adhérer à l'association de son choix. Tout membre peut se retirer d'une association. Depuis 1971, la liberté d'association est devenue une liberté constitutionnelle française, c'est-à-dire que « chacun est libre d'adhérer à une association » ou encore que « nul n'est obligé d'adhérer à une association ». Cette liberté d'adhérer ou non figure également dans la Convention européenne de sauvegarde des droits de l'Homme et des libertés fondamentales.

Sans personnalité morale, l'*association est non déclarée,* et ses membres sont donc engagés personnellement. L'association ne peut ouvrir un compte en banque, ni signer un bail, ni passer une convention, ni recevoir des subventions, ni agir en justice. Dans les associations non déclarées peu nombreuses, les actes sont passés par les personnes constituant le groupement de fait (et non par l'association) entre eux ou avec d'autres personnes extérieures.

Pour *les associations déclarées* qui sont les plus nombreuses, l'écran de la personnalité morale profite aux membres qui ne sont pas tenus des engagements contractés au nom de celle-ci. L'association peut agir en justice, acquérir des biens, embaucher des salariés, exercer une activité commerciale. C'est le type le plus courant d'association.

Enfin, l'association peut être *reconnue d'utilité publique* (ARUP) par décret du Conseil d'État, ce qui lui confère une capacité juridique étendue. (grande capacité). L'ARUP peut recevoir des dons et des legs, et se trouve exonérée des droits de succession, mais après avoir obtenu l'autorisation administrative de la préfecture et bénéficie d'avantages fiscaux précis pour ses donateurs et pour ses propres opérations. L'association doit avoir fonctionné comme association déclarée depuis trois ans afin de pouvoir être reconnue d'utilité publique d'une part, avoir une certaine importance d'autre part ce qui est signifié par un objet d'intérêt général et une audience dépassant le cadre local, enfin elle doit avoir un réel développement : un nombre minimum de deux cents membres, des activités importantes, un financement équilibré. La reconnaissance d'utilité publique est accordée discrétionnairement par décret en Conseil d'État. Cela entraîne un certain contrôle administratif pour la modification des statuts, ainsi que pour recevoir des dons et vendre du patrimoine. On en dénombre un peu plus de 2 000 en France, parmi lesquelles La Guilde européenne du raid, le WWF

(Fonds mondial pour la nature) ou le Secours populaire. Au-delà des avantages fiscaux et financiers, ce statut confère aux associations une forme de légitimité dans leur domaine d'action.

4. La disparition de l'association

Les causes de disparition sont semblables à celles des sociétés : arrivée du terme, réalisation ou disparition de l'objet. La dissolution peut être volontaire, statutaire ou prononcée par justice. Les membres ne peuvent se répartir le boni de liquidation. Seule est autorisée, la reprise des apports.

II. LE RÉGIME JURIDIQUE DES FONDATIONS

1. Définition

La loi du 23 juillet 1987 sur le mécénat qui a institué le régime de la fondation fut complétée par la loi du 4 juillet 1990 sur les fondations d'entreprises :

> « Les sociétés civiles ou commerciales, les établissements publics à caractère industriel et commercial, les coopératives ou les mutuelles peuvent créer, en vue de la réalisation d'une *œuvre d'intérêt général*, une personne morale, *à but non lucratif*, dénommée fondation d'entreprise. Lors de la constitution de la fondation d'entreprise, le ou les fondateurs apportent la dotation initiale et s'engagent à effectuer les versements. »

La loi du 4 juillet 1990, modifiant la loi du 23 juillet 1987, limite l'appellation « fondation » aux trois formes d'organisation suivantes : la fondation reconnue d'utilité publique, la fondation d'entreprise et la fondation sous égide (ou abritée) d'une fondation RUP.

2. La fondation RUP

La fondation reconnue d'utilité publique (FRUP) est soumise à l'autorisation du Conseil d'État. Elle doit être, en principe, pérenne et financièrement autonome, c'est-à-dire capable d'utiliser les revenus de sa dotation pour couvrir les charges liées à ses missions sociales, tout en protégeant ses actifs contre l'érosion monétaire. Le seuil est établi à 1 million d'euros actuellement. Le seul terme fondation est réservé aux fondations reconnues d'utilité publique.

3. La fondation d'entreprise

La fondation d'entreprise se distingue par un *régime juridique plus souple*, adapté au mécénat à moyen terme des entreprises, car les fondations d'entreprises ne peuvent pas faire appel à la générosité publique. La publication obligatoire au journal officiel lui confère la capacité juridique, après l'obtention d'une autorisation préfectorale. Son nom peut être celui de la société fondatrice ou autre. La dotation initiale apportée par l'entreprise à la fondation doit être au moins de 152 500 € pour une durée minimum de cinq ans renouvelable. La fondation doit tenir une comptabilité de type commercial avec bilan, compte de résultat et annexe ; un commissaire aux comptes est désigné et un rapport d'activité adressé à l'autorité administrative de tutelle (le préfet), afin de vérifier que la fondation se comporte comme une personne morale à but non lucratif à la réalisation d'une œuvre d'intérêt général. Enfin, rappelons la présence obligatoire d'un salarié comme membre du conseil d'administration.

4. La fondation abritée

La fondation sous égide ou abritée n'a pas de personnalité morale autonome et affecte de façon irrévocable des biens, droits ou ressources à une entité reconnue d'utilité publique – Fondation de France ou Institut de France notamment. La *Fondation de France* a été créée à la fin des années 1960 à l'instigation du ministère de la Culture, elle a compétence dans tous les champs d'intérêt général. Il s'agit d'une fondation privée reconnue d'utilité publique, créée par 18 banques à l'instigation de la Caisse des dépôts. Elle collecte et redistribue des fonds privés, et agit comme un organisme-relais pour recevoir des dons et émettre un reçu fiscal pour des mécènes ne le pouvant pas ; elle *promeut l'innovation sociale* au sens large en soutenant des actions associatives qui apportent des réponses nouvelles à des besoins peu ou pas pris en charge par les collectivités. En 2007, France gère des actifs de 850 millions d'euros, elle a distribué en 2005, 7 000 bourses et subventions pour un montant de 82 millions d'euros.

III. LE RÉGIME FISCAL DES ASSOCIATIONS ET FONDATIONS

Le régime fiscal des associations et des fondations repose sur la double exigence de gestion désintéressée et de non-lucrativité. L'instruction ministérielle du 15 septembre 1998 définit ainsi l'utilité sociale de l'activité en précisant :

> « qu'elle tend à satisfaire un besoin non pris en compte par le marché, et peut contribuer à l'exercice d'une mission d'intérêt général, dès lors que les organismes sans but lucratif prennent en compte la nature du besoin à satisfaire ».

De plus :

> « sont d'utilité sociale les actes payants réalisés au profit des personnes justifiant d'octroi d'avantages particuliers au vu de leur situation économique et sociale (chômeurs, personnes handicapées notamment...) ».

1. Exonération des impôts commerciaux : IS, TVA et Taxe professionnelle

L'association et la fondation sont exonérées des impôts commerciaux : IS, TVA et Taxe professionnelle si elles remplissent trois conditions : une gestion désintéressée, une absence de concurrence avec le secteur commercial, une absence de relation privilégiée avec les entreprises.

1) La gestion désintéressée

La gestion doit être exercée par *des bénévoles*, mais il est possible pour une association de rémunérer ses dirigeants, à condition que la rémunération (hors remboursement des frais réels) n'excède pas les trois quarts du Smic sur l'année. Des mesures particulières existent pour les grosses associations. Ainsi, les associations et fondations dont les ressources financières, hors financements publics, dépassent une moyenne de 200 000 € sur trois exercices, peuvent rémunérer de un à trois dirigeants de droit à hauteur de trois fois le plafond de la sécurité sociale (soit 8 046 € bruts par mois en 2007).

2) L'absence de concurrence avec le secteur commercial

Juridiquement, la non-lucrativité correspond à l'impartageabilité des bénéfices et des réserves, puisque l'association est une mise en commun d'activités et de connaissances dans un but autre que le partage des bénéfices. Pour être exonérées des impôts commerciaux, les associations ne doivent pas entrer en concurrence avec le secteur marchand sur quatre points, dits *règle des quatre P* : le produit proposé, le public visé, les prix pratiqués et la publicité.

Le produit est « d'utilité sociale s'il tend à satisfaire un besoin qui n'est pas pris en compte par le marché ou qui l'est de façon peu satisfaisante faute d'être rentable » (instruction ministérielle du 15 septembre 1998).

Le public visé doit être doté « de ressources trop modestes ou posséder des caractères particuliers au vu de sa situation économique et sociale qui n'en font pas des clients intéressants » pour le secteur marchand (chômeurs, personnes handicapées, notamment…).

Le prix pratiqué doit faciliter l'accès au marché. En cas de prestation de nature similaire à celles du secteur marchand, le prix doit être de niveau inférieur ou modulé pour tenir compte de la situation des bénéficiaires.

La publicité ne doit pas être confondue avec les opérations non lucratives de communications pour faire appel à la générosité publique et réaliser une information sur les prestations de l'association. En revanche, la publicité commerciale est interdite, puisqu'elle a pour objectif de « capter un public grâce à un réseau de communication, des panneaux publicitaires et des messages dans les journaux. »

3) L'absence de relation privilégiée avec les entreprises

Même si elles remplissent l'ensemble des critères de non-lucrativité, les associations ne doivent pas fournir un service à des entreprises qui en retirent un avantage concurrentiel, et elles deviennent soumises dans tous les cas aux impôts commerciaux. En fin de compte, la non-lucrativité fiscale ne peut se déployer que dans « le creux » de l'économie de marché, et on ne peut que déplorer *l'absence d'appréciation positive des effets sociétaux* directs et indirects produits par les entreprises de l'économie sociale et solidaire.

2. Franchise des activités lucratives accessoires

Les associations non lucratives bénéficient d'une franchise de TVA et d'IS lorsque leurs recettes lucratives encaissées au cours de l'année civile ne dépassent pas 60 000 €. Néanmoins, si l'association possède une activité non lucrative en même temps qu'une activité lucrative supérieure à 60 000 € annuels, il est possible que seule cette dernière soit imposée, à la condition de pouvoir les dissocier et que l'activité non lucrative demeure prépondérante. À cette fin, il est indispensable de tenir une comptabilité stricte. Mais, l'association peut également filialiser son activité lucrative.

Pour toute association, il existe une tolérance fiscale (IS et TVA) sur les *six premières manifestations* qu'elle organise chaque année (fêtes, concours, etc.) à condition que l'organisation de ces manifestations ait un caractère exceptionnel.

3. Imposition à la TVA

Il existe une *déconnexion* entre la non-lucrativité de l'association et l'imposition à la TVA de ses activités. Selon l'article 261 du CGI :

> « les services de caractère social, éducatif, culturel ou sportif rendus à leurs membres par des organismes sans but lucratif, et dont la gestion est désintéressée sont exonérés de TVA, ainsi que les ventes consenties à leurs membres dans la limite des 10 % de leurs recettes totales. »

Toutefois, « ne sont pas exonérées les opérations d'hébergement et de restauration et *l'exploitation des bars et des buvettes.* » Par exemple, l'association qui exploite un café servant de lieu d'échange et de rencontre pour des chômeurs à la recherche d'emploi a une utilité sociale manifeste, mais son activité de buvette et bar sera taxée à la TVA. Ensuite, les *recettes des publicités* et des annonces perçues à l'occasion de la diffusion du bulletin de l'association, sont exonérées de TVA à condition qu'elles ne couvrent pas plus des deux tiers de leur surface et que la surface des publicités et des annonces d'un même annonceur ne soit pas supérieure au dixième de la surface des numéros parus.

Enfin, les associations peuvent *acquérir en franchise de TVA* des biens destinés à l'exportation dans le cadre de leur activité humanitaire, charitable ou éducative sous réserve qu'elles adressent à leurs fournisseurs une attestation certifiant la destination des produits à l'exportation.

4. Impôt sur les sociétés

L'association peut percevoir des revenus patrimoniaux pour placer ses disponibilités et recevoir des revenus de capitaux mobiliers, mais elle peut recevoir également les produits de la gestion de son patrimoine sous forme de la location d'immeubles bâtis ou non bâtis et de l'exploitation de propriétés agricoles et forestières. Ces revenus sont taxés à l'impôt sur les sociétés au taux réduit de 24 % ou pour certains revenus mobiliers de 10 % (revenus d'obligations). De plus, l'IS au taux de droit commun, est perçu sur les activités financières lucratives provenant de la gestion active de leurs filiales.

5. Taxes diverses

L'association qui emploie des salariés, doit payer *la taxe sur les salaires* exigible par les employeurs non passibles de la TVA pour 90 % au moins de leur chiffre d'affaires. La base de la taxe est constituée par le montant des rémunérations versées (servant d'assiette aux cotisations sociales). Il existe un taux normal de 4,25 % et deux taux majorés de :

– 8,5 % (soit une majoration de 4,25 %) pour la fraction des rémunérations individuelles annuelles comprises entre 7 156 € et 14 295 € en 2007 ;

– et de 13,60 % (soit une majoration de 9,35 %) pour la fraction de ces rémunérations excédant 14 295 €.

De plus, l'association propriétaire de locaux doit payer *la taxe foncière* sur les propriétés bâties.

6. Fiscalité des dons

Les dons et subventions réalisés par les particuliers à diverses œuvres d'intérêt général ouvrent droit à une *réduction d'impôt* (Impôt sur le revenu) *de 66 % du don*, dans la limite de 20 % de revenu global. Quant aux sociétés imposables à l'impôt sur les sociétés, les dons aux œuvres d'intérêt général ne sont pas admis en déduction du bénéfice imposable, mais ouvrent droit à une *réduction d'IS égale à 60 % du don* dans la limite de 5 pour mille du chiffre d'affaires.

Chapitre 4

Régime juridique et fiscal des coopératives

Une coopérative est un groupement de personnes poursuivant des buts économiques, sociaux et éducatifs communs au moyen d'une entreprise dont le *fonctionnement* est *démocratique et collectif*. La loi du 10 septembre 1947 régit le statut des coopératives. Les coopératives visent à *éliminer un intermédiaire*, car l'associé est l'utilisateur des services de la coopérative. La suppression de l'intermédiaire permet de supprimer le bénéfice que réalise cet intermédiaire.

La coopérative touche de nombreux secteurs de l'économie. Les coopératives peuvent être classées ainsi :

– les *coopératives de consommation* formées d'utilisateurs ou d'usagers qui s'unissent pour obtenir de meilleur prix ;

– les *coopératives de production*, formées par les entreprises qui unissent leurs efforts pour se doter d'outils ou de moyens communs de production ou de distribution. Dans cette catégorie, se rencontrent les coopératives agricoles et viticoles, ainsi que les SCOP ;

– les coopératives de professions libérales ;

– les sociétés coopératives d'intérêt collectif ;

– les coopératives de crédit.

Rappelons que chaque famille coopérative fonctionne selon un texte spécifique, ainsi par exemple : les SCOP se distinguent parce qu'elles n'ont pas comme vocation à supprimer le bénéfice de l'intermédiaire, mais à supprimer le profit réalisé par l'entrepreneur sur le travail. L'objectif de la SCOP est de réaliser un profit sur ses clients, pas sur ses salariés, tandis que l'action des coopératives s'effectue sur la limitation des transactions.

Loi du 10 septembre 1947 article 1er
Les coopératives sont des sociétés dont les objets essentiels sont :
1) De réduire, au bénéfice de leurs membres et par l'effort commun de ceux-ci, le prix de revient et, le cas échéant, le prix de vente de certains produits ou de certains services, en s'assurant les fonctions des entrepreneurs ou intermédiaires dont la rémunération grèverait ce prix de revient ;
2) D'améliorer la qualité marchande des produits fournis à leurs membres ou de ceux produits par ces derniers et livrés aux consommateurs ;
3) Et plus généralement de contribuer à la satisfaction des besoins et à la promotion des activités sociales et économiques de leurs membres ainsi qu'à leur formation.

I. LE RÉGIME JURIDIQUE ET FISCAL DES MUTUELLES

Les mutuelles se distinguent des sociétés d'assurance privée par leurs principes proches de ceux des coopératives. D'une part, les *clients sont des sociétaires*, propriétaires de leur mutuelle et appelés à voter dans les assemblées générales ; ils sont assurés et assureurs. Ensuite, les mutuelles ont comme objectifs d'assurer le mieux possible les personnes qui se sont organisées collectivement pour gérer les risques. Les excédents éventuels sont rétrocédés aux sociétaires sous forme de baisse des cotisations ou par l'amélioration des garanties à prix constant, assimilables *aux ristournes* des coopératives. D'autre part, elles fonctionnent *sans intermédiaire* (courtier, agence d'assurance) et peuvent proposer des tarifs plus attractifs. De plus, elles appliquent le principe « une personne = une voix ».

Ensuite, elles sont souvent liées à des solidarités professionnelles (agriculteurs, ouvriers, fonctionnaires) et aussi territoriales (les mutuelles sont souvent régionales). En fin de compte, elles mettent en œuvre un *principe de solidarité* entre les assurés, par la non-sélection des risques et par le versement d'une prime souvent proportionnelle aux revenus.

Du point de vue fiscal, le régime des mutuelles est en pleine évolution, l'assujettissement à l'IS de leurs activités, autres que celles relatives à la gestion des contrats d'assurance maladie dits solidaires et responsables, est programmée pour le début 2009.

II. LES PRINCIPES COOPÉRATIFS

Les principes coopératifs communs aux différentes coopératives sous-tendent les textes législatifs et permettent de les interpréter. Ainsi, les principes coopératifs sont utiles pour établir la *logique et la finalité* de la loi lorsque le texte paraît obscur ou contradictoire.

1. Principe de double qualité

Les associés (apporteurs de capital) de la société coopérative sont les usagers « apporteurs d'activité » de l'entreprise coopérative et réciproquement.

> **Article 3 de la loi de 1947**
> « Les coopératives ne peuvent admettre les tiers non sociétaires à bénéficier de leurs services, à moins que les lois particulières qui les régissent ne les y autorisent. »

L'associé est apporteur de capital et entrepreneur, d'une part, mais aussi utilisateur des services ou consommateur des produits, d'autre part. La société coopérative *fonctionne en circuit fermé* : les associés coopérateurs sont les seuls clients de la coopérative, en exclusivité. Mais, il était nécessaire de s'adapter à l'économie moderne, et actuellement les coopératives de consommation sont habilitées à vendre à des consommateurs externes. De même, la loi de 1992 établit que les coopératives peuvent avoir des associés qui ne sont pas clients.

En outre, ce principe de double qualité fonctionne avec celui de *variabilité du capital dit de la « porte ouverte »*. Cela entraîne la pratique des règles suivantes :

a) *L'entrée ou le retrait d'un associé* sont liés directement à la contribution personnelle de l'associé à la réalisation de l'objet de la coopérative : cela s'énonce comme la *liberté d'adhésion et de retrait* En effet, il y a *variabilité du capital* lorsque le capital d'une société peut augmenter ou diminuer à tout moment, du fait de l'arrivée de nouveaux associés ou du départ, puisque la modification du capital ne procède pas de la décision collective des associés en assemblée générale, mais de la *décision individuelle d'un associé*.

b) L'acquisition de la qualité d'associé est *fondée sur la personne* et non pas sur l'apport financier, et le rôle que jouera l'associé dans la coopérative.

c) Les statuts précisent les obligations des associés pour la formation et l'accroissement du capital nécessaire au fonctionnement de la coopérative.

d) L'associé qui n'est plus travailleur de l'entreprise, a le droit de demander le remboursement de son capital, autre situation où le capital est variable.

e) La répartition obligatoire d'une partie des excédents se fait sous forme de ristournes.

2. Principe altruiste

La coopérative ne poursuit *pas un but capitaliste*. La recherche du service prime sur la recherche du profit, ainsi. le terme *excédent* est utilisé de préférence au terme profit. Rappelons que l'objet du contrat de société coopérative est la satisfaction des besoins personnels ou professionnels des membres à l'opposé du contrat de société ordinaire dont le but et l'obtention et le partage d'un gain financier (art 1832 du Code civil).

La loi de 1947 prévoit que soit versé aux associés un intérêt. Et les *sommes disponibles* après versement de l'intérêt *sont mises en réserves*. En cas de dissolution, le boni de liquidation n'est pas réparti entre les sociétaires, mais dévolu à d'autres coopératives ou des œuvres d'intérêt général. De ce principe, certaines règles se déduisent :

– la définition de l'objet de la coopérative obligatoirement lié à l'activité des membres ;

– la limitation de l'intérêt au capital ;

– l'absence de réalisation de plus-values sur le capital investi ;

– la répartition des excédents par la règle de la ristourne.

3. Principe démocratique

« Un homme égale une voix ». Dans les coopératives, le coopérateur est traité de la même manière que le citoyen pour les affaires de la cité. L'exercice du pouvoir est attaché, non pas à la part de capital détenue, mais aux seules personnes. Les usagers de la coopérative, que sont les travailleurs associés, sont souverains.

La règle « un associé = une voix » est énoncée par l'article 9 de la loi de 1947 :

> « Chaque associé dispose d'une voix à l'assemblée générale. »

Ce principe entraîne la pratique des règles sur la souveraineté des assemblées générales d'une part, l'élection des mandataires au sein des associés travailleurs d'autre part.

4. Principe de non-partage des réserves

L'accroissement de l'actif net de l'entreprise, appelée excédent, ne doit pas revenir aux seuls associés, mais également à l'entreprise, sous forme d'un « fonds social indivis » ou « réserves collectives ». Ces réserves collectives permettent à la coopérative de posséder un patrimoine qu'elle détient pour le compte des associés, mais aussi d'être propriétaire d'un patrimoine propre, fondant ainsi *son existence durable au-delà des personnes des associés*. Enfin, l'impossibilité de partager une partie de l'actif net lui donne *une stabilité* qui lui est d'autant plus nécessaire que la fraction de cet actif net représentée par le capital social est rendue instable du fait de sa variabilité. De ce principe découlent les règles sur :

– l'interdiction d'incorporer les réserves au capital ;

– l'interdiction de les distribuer aux associés pendant le cours ou au terme de la société ;

– la dévolution altruiste du boni net de liquidation à d'autres coopératives ou à des institutions d'intérêt général ;

– l'imputation des pertes sur le capital ;

– l'intangibilité de la forme coopérative.

> **Loi du 10 septembre 1947 article 16**
> « Dans les limites et les conditions prévues par la loi et les statuts, les sommes disponibles après imputation sur les excédents d'exploitation des versements aux réserves légales ainsi que les distributions effectuées, sont mises en réserve ou attribuées sous forme de subventions, soit à d'autres coopératives ou unions de coopératives, soit à des œuvres d'intérêt général ou professionnel. »

III. LA SOCIÉTÉ COOPÉRATIVE OUVRIÈRE DE PRODUCTION (SCOP)

La loi du 19 juillet 1978 a établi un cadre juridique pour donner la possibilité aux associés :

– de créer une structure leur permettant d'exercer leur profession ;

– d'exercer cette profession dans une structure de l'économie solidaire ;

– d'instaurer entre eux des rapports fondés sur l'égalité ;

– d'accepter qu'une partie des richesses créées ainsi, échappent à l'appropriation privative des associés, par le moyen des réserves non partagées.

1. Le contrat de société

L'article 1er de la loi du 19 juillet 1978 précise :

> « Les sociétés coopératives ouvrières de production sont formées par des travailleurs de toutes catégories ou qualifications professionnelles, associés pour mettre en commun leurs professions dans une entreprise qu'ils gèrent directement ou par l'intermédiaire de mandataires désignés par eux et en leur sein. »

La contribution aux pertes existe, mais elle est limitée aux apports. Le partage des bénéfices est limité afin de garantir la société au-delà de l'intérêt personnel des membres. Les associés – employés perçoivent une ristourne coopérative appelée part travail. Les statuts expriment le contrat de société et détaillent les règles de fonctionnement.

• Les associés

L'associé est la personne qui accepte de participer à la vie de la société, en signant les statuts. Un nombre minimum d'associés employé dans l'entreprise est exigé par la loi, afin que la société puisse être qualifiée de SCOP : soit deux pour les SARL et sept pour le SA. Mais dans une SCOP, tous les travailleurs ne sont pas obligatoirement associés, et réciproquement.

La loi du 19 juillet 1978 mentionne précisément dans certains de ses articles la nécessité pour les associés d'avoir un contrat de travail. C'est l'article 10 qui lie la perte de la qualité d'associé à la rupture du contrat de travail.

> **Loi du 19 juillet 1978, article 10**
> « Sauf stipulations contraires des statuts :
> La démission ou le licenciement qui repose sur une cause réelle et sérieuse entraîne la perte de la qualité d'associé. La renonciation volontaire à la qualité d'associé entraîne la rupture du contrat de travail. »

C'est également l'article 33 qui prévoit la répartition des bénéfices des salariés. De même, l'article 35 prévoit la souscription de parts sociales réservées aux salariés.

> **Loi du 19 juillet 1978 article 35**
> « Les sociétés coopératives ouvrières de production quelle que soit la forme sous lesquelles elles sont constituées peuvent émettre dans les conditions

énoncées ci-après, des parts sociales destinées à être souscrites exclusivement par leurs salariés. »

Les associés qui créent une société doivent être motivés par la volonté de collaborer entre eux afin que la société réussisse. Malgré la forme SA ou SARL qui est propre aux sociétés de capitaux, la coopérative est considérée comme une société de personnes disposant d'un *affectio societatis* renforcé, c'est-à-dire une volonté de coopérer. Cet engagement des associés et le partage des valeurs et des principes coopératifs est rappelé dans le préambule des statuts, qui constitue la charte du coopérateur. C'est la motivation déterminante du choix du statut SCOP.

- **Les apports**

Pour être associé, il est nécessaire, en plus d'adhérer aux statuts, de réaliser un apport personnel. Cependant, les apports des associés ne sont pas forcément égaux : on peut rencontrer à l'intérieur d'une SCOP, les apports importants d'un associé à côté d'un apport symbolique d'un autre associé. Toutefois, il faut respecter des limites à l'égard des apports entre les associés. En effet, un associé ne peut détenir plus de 50 % du capital, car l'apport d'un associé ne peut dépasser la moitié en valeur de la totalité des apports. Les apports sont rémunérés par des droits sociaux.

> **Loi du 19 juillet 1978, article 24**
> « Le nombre de parts sociales susceptibles d'être détenues par un même associé, ne peut excéder un maximum fixé par les statuts, et au plus la moitié du capital de la société. Les statuts doivent prévoir les modalités suivant lesquelles il est procédé, s'il y a lieu, au remboursement ou au rachat des parts excédentaires encore détenues par des associés à l'issue de ce délai. »

Les apports portent le plus souvent sur des *apports en numéraire*, mais il est possible de réaliser des *apports en nature* : biens meubles, immeubles, fonds de commerce, droits incorporels. Les apports doivent être faits en pleine propriété.

- **L'objet social**

L'article 1er de la loi du 19 juillet 1978 édicte :

> « Les sociétés coopératives ouvrières de production peuvent exercer toutes activités professionnelles sans autres restrictions que celles résultant de la loi. »

Cela signifie, par conséquent, qu'il peut y avoir des SCOP même en l'absence d'activité de production. Il peut y avoir des SCOP de services, de commercialisation et des SCOP regroupant des membres de certaines professions libérales.

La société coopérative ouvrière de production est une société dont l'objet peut être *civil* (activité de conseil, architectes, artistes…) *ou commercial* (imprimerie, entreprise et bâtiment, courtiers…), mais qui devient obligatoirement commerciale par la forme : soit SA, soit SARL. Néanmoins, certaines activités ne peuvent pas adopter le statut SCOP, soit parce que la législation propre à l'activité considérée l'interdit, soit parce qu'il y a incompatibilité entre l'organisation interne de la société pouvant être utilisée par les associés et la forme, ex : un cabinet de médecins ou d'avocats, de même un office notarial ne pouvait utiliser le statut SCOP.

• **Le partage des bénéfices et la contribution aux pertes**

La législation applicable aux coopératives d'une part, la législation relative aux SCOP d'autre part, délimitent les modalités de répartition des excédents nets de gestion (ENG) en fonction des principes coopératifs. La responsabilité des associés est limitée au montant de leurs apports, comme l'organise le droit des SA et des SARL.

L'article 32 de la loi du 19 juillet 1978 donne la définition des excédents nets de gestion :

> « Les excédents nets de gestion sont constitués par les produits nets de l'exercice sous déduction des frais généraux et autres charges de la société, y compris tous amortissements et provisions, des pertes antérieures, des plus-values à long terme ayant donné lieu à constitution de réserves ainsi que des réévaluations pratiquées sur les actifs immobilisés. »

Cependant, la mise en jeu de la variabilité du capital à l'occasion du retrait d'un associé, ainsi que les dispositions de l'article 18 de la loi du 10 septembre 1947 déterminent un mode particulier d'imputation des pertes sur le capital des associés pour le calcul de remboursement de la part sociale.

• **La dénomination sociale**

Le choix de la dénomination est particulièrement important, car avec l'objet, ils forment les éléments permettant une protection de la société contre la concurrence que d'autres entreprises pourraient exercer.

L'insertion du sigle SCOP dans la dénomination ne dispense pas la société de mentionner dans ses documents destinés aux tiers le statut et la forme de la société, ainsi que l'indication de son capital variable. Par conséquent, il est nécessaire de choisir le nom social avec beaucoup de soin, car il ne faut pas créer une confusion avec une entreprise ayant une activité similaire, identique ou voisine. Enfin, les statuts précisent le choix du siège social.

2. La forme de la SCOP : SARL ou SA

Les SCOP peuvent opter pour la forme SARL ou SA. Le choix peut se faire au regard de différents critères : formalisme juridique et direction.

• La SARL

Cette forme de société convient davantage aux équipes plus petites. Il est sûr que la SARL peut être gérée sans formalisme juridique contrairement à la SA : pas de formalisme pour la tenue des assemblées générales par exemple, et le gérant peut assumer seul les problèmes de direction, s'il n'est pas entouré par les coopérateurs.

À l'inverse, le gérant peut sentir trop lourde la gérance de la SCOP si les associés ne participent pas vraiment au fonctionnement de la SCOP, car non chargés d'un mandat social. Et, en cas de difficulté grave (par exemple un dépôt de bilan), le gérant assume seul les responsabilités.

• La SA

La SA correspond mieux à l'esprit coopératif, car elle est gérée par une équipe de direction (CA pour les orientations et DG ou PDG) qui partage les décisions et les responsabilités. La SA peut également adopter un directoire et un conseil de surveillance.

De plus, la SA dispose d'une surface financière plus importante, car les actions sont négociables au contraire des parts de la SARL non négociables. Ensuite, la SA est tenue de faire réviser les comptes de la société par un commissaire aux comptes, ce qui est un gage afin que les comptes de la SCOP soient fiables. Cependant, cette spécificité de la SCOP-SA s'estompe, car la SCOP-SARL organisée à partir de vingt associés autour de la gérance et d'un conseil de surveillance, est soumise à la *procédure de révision coopérative* qui permet une vérification du fonctionnement coopératif de la société et une étude de ses orientations.

Enfin, la forme SA reste préférable dès qu'un projet coopératif de plus de vingt personnes se met en place. C'est cette solution qui est fréquemment retenue lors des *transmissions d'entreprise* où la société transmise adopte le statut SCOP. De même, l'adoption du statut SA est effectuée lors de la reprise d'une entreprise en difficulté.

3. L'agrément du ministère du Travail

L'article 54 de la loi du 19 juillet 1978 impose aux SCOP d'être inscrites sur une liste établie par le ministère du Travail. La demande d'agrément doit être adressée après la création de la société dès l'immatriculation au registre du commerce. Elle est accompagnée par un dossier précisé par l'article 2 du décret du 10 novembre 1993 comprenant :

– les statuts de la société, la description de l'activité et la liste des organes de direction ;

– la liste nominative des commissaires aux comptes ;

– une fiche de renseignement concernant la société faisant apparaître :
- la dénomination,
- la forme de la société (SA ou SARL),
- l'adresse du siège social,
- le numéro SIRET et le numéro NAF,
- le montant du capital social,
- le nombre de parts sociales et leur valeur nominale,
- le nombre d'associés employés et le nombre de leurs parts,
- l'identité de l'associé détenant le plus grand nombre de parts et le nombre de parts détenues,
- l'identité des associés non salariés ainsi que le nombre de parts détenues,
- la liste des sociétés dans lesquelles la SCOP détient une participation supérieure à 10 %,
- les modalités de répartition des excédents nets de gestion,
- les documents comptables du premier exercice.

La réponse doit être délivrée dans un *délai de deux mois*. L'absence de réponse équivaut à un rejet de la demande. La société dispose alors de la possibilité d'introduire un recours auprès du tribunal administratif compétent.

Chaque année, la SCOP doit effectuer une *demande de renouvellement* de son inscription sur la liste ministérielle qui est ainsi mise à jour. De plus, la SCOP informe annuellement l'administration des modifications apportées aux statuts et à la composition des organes de direction. Elle transmet tous les cinq ans le rapport de révision coopérative. L'inscription de la SCOP sur la liste ministérielle est maintenue si le dossier a permis de constater que la SCOP fonctionne conformément aux dispositions légales.

IV. LA SOCIÉTÉ COOPÉRATIVE D'INTÉRÊT COLLECTIF (SCIC)

La SCIC, société coopérative d'intérêt collectif, créée en juillet 2001, est une nouvelle forme d'entreprise coopérative qui a pour objet « la production ou la fourniture de biens et services d'intérêt collectif qui présente un caractère d'utilité sociale ». La SCIC concrétise l'avènement en France de la coopérative de *multisociétariat,* permettant d'associer et fait retravailler ensemble des personnes physiques et morales qui ont un rapport de nature diverse avec l'activité : salariés, usagers, financiers, bénévoles.

1. La double démarche

La SCIC s'inscrit dans une double démarche alliant l'économique et le social. Son caractère entrepreunarial est motivé notamment par : la production ou la fourniture de biens et de services d'une part, la création ou la pérennisation d'emplois d'autre part. Son *caractère d'utilité sociale* est précisé dans le décret du 21 février 2002 :

> « la contribution du projet aux besoins émergents ou non satisfaits, à l'insertion sociale et professionnelle, au développement de la cohésion sociale ainsi qu'à l'accessibilité aux biens et services. »

Par ailleurs, la jurisprudence issue des conclusions du Commissaire de Gouvernement M. Delmas-Marsalet de l'arrêt du 30 novembre 1973 donne des éléments d'appréciation de l'utilité sociale d'une future SCIC (assoc StLuc, clinique du sacré-cœur n° 85586-85 598) :

« le caractère d'utilité sociale d'une institution ne découle pas du secteur dans lequel elle exerce son activité, mais *bien des conditions dans lesquelles elle l'exerce*. Tout secteur d'action socio-économique, qu'il s'agisse de la santé, de l'éducation, de la culture ou demain de la protection de l'environnement, peut donner lieu à des activités sociales. »

Un *agrément* doit être obtenu auprès du préfet du département du siège de la SCIC, qui donne pour cinq ans le statut particulier de la SCIC au vu de l'appréciation du caractère d'utilité sociale de la SCIC. En cas de retrait ou de non-renouvellement d'agrément SCIC, l'entreprise reste une coopérative. S'il y a des collectivités publiques dans les associés, elles devront quitter la coopérative et demander le remboursement de leurs parts sociales.

2. Le statut

La SCIC est une nouvelle forme de coopérative de production, sous la forme de société commerciale : SA ou SARL, régies par le Code de Commerce. Son capital est constitué par les parts sociales apportées par les associés : avec un capital minimum de 3 750 € pour les SARL, et de 18 500 € pour les SA. Le capital de la SCIC peut varier au cours du temps, mais doit rester supérieur au minimum légal, et ne jamais descendre au-dessous du quart du capital le plus élevé atteint dans l'histoire de la coopérative. Les variations du capital sont constatées en assemblées générales ordinaires.

Quant aux excédents annuels, ils sont répartis ente 57,5 % et 100 % aux réserves non partagées :

– *en réserve légale*, comme toute coopérative, l'affectation se fait au minimum de 15 % à une réserve dite « légale » (loi du 10 septembre 1947) ;

– *en réserve statutaire :* une fois la réserve légale dotée, la SCIC doit verser u minimum 50 % du solde à une réserve dite « statutaire » ou fonds de développement » qui sert à financer les investissements ou alimenter le fonds de roulement.

3. Les associés

Les catégories d'associés sont au minimum au nombre de trois : les associés bénéficiaires, les associés salariés et une autre catégorie qui dépend du projet porté par la SCIC (collectivités locales, financiers).

La loi limite à 20 % le total des parts détenues par les collectivités territoriales et leurs groupements.

Pour devenir associé, il faut souscrire au moins une part sociale de la coopérative. Le montant, d'une part est fixé par les statuts de la SCIC (minimum légal de 15,24 €). En contrepartie de cet apport en capital, la SCIC peut verser des intérêts annuels fixés au TMP (taux moyen pratiqué en 2006 : 4,48 %). La règle des coopératives est celle de la « libre entrée et sortie ». chaque associé peut à tout moment décider de quitter la SCIC. À son départ, le montant du capital apporté est alors remboursé sans aucune plus-value, selon un délai prévu par les statuts et dont le montant est diminué de certaines de la coopérative.

Le dirigeant de la SCIC (PDG de SA ou gérant de SARL) peut être choisi dans une catégorie quelconque d'associés ou à l'extérieur de la SCIC.

4. Les secteurs

Tous les secteurs peuvent être couverts par le SCIC, à condition que le projet corresponde à une démarche multisociétariale, économique et sociale. Les projets des SCIC se retrouvent dans des domaines très divers : tant dans le tourisme social, l'éducation, que l'agriculture, l'environnement (recyclage des déchets, entretien du patrimoine naturel), ou bien la culture (spectacles, gestion d'un patrimoine culturel) ou encore le commerce (café « associatif », commerce équitable), les services de proximité, mais aussi les coopératives d'habitation, ainsi que les TIC (technologies de l'information et de la communication). De plus, la SCIC est susceptible d'être une opportunité pour des projets d'insertion par l'activité économique. Ces secteurs de l'économie sociale et solidaire sont également assurés par les associations dont le statut est limité sur le champ concurrentiel.

Par exemple, la SCIC Enercoop est une entreprise qui injecte sur le réseau de l'électricité produite uniquement à partir des sources d'énergies renouvelables : eau, soleil, vent et biomasse. L'électricité est achetée à des producteurs locaux, soit particulier ayant un panneau solaire, soit agriculteur ayant une éolienne, soit professionnel qui gère une centrale hydraulique et se trouve vendue sur le marché. Ses fournisseurs sont aussi coopérateurs, mais sans aucune obligation. La SCIC

Enercoop est ouverte aux particuliers, associations, entreprises, collectivités locales ainsi qu'aux structures comme la Fondation de France.

Enercoop est une coopérative, un lieu d'échange entre producteurs et consommateurs dont les intérêts peuvent s'avérer divergents et participe au développement d'une filière de l'énergie « propre ».

V. LA COOPÉRATIVE D'ACTIVITÉS ET D'EMPLOI (CAE)

Les coopératives d'activités et d'emploi (CAE) ont été créées en 1995 et s'adressent à des personnes désireuses de créer leur entreprise et qui cherchent à tester la validité de leur projet. Elles offrent à ces porteurs de projets, en principe des demandeurs d'emplois) un lieu d'accueil et un statut.

1. Le statut

La CAE est une SCOP qui respecte toutes les règles de démocratie, d'égalité, de transparence et de responsabilité qui caractérisent le mouvement de la coopération dans le monde depuis 150 ans. Seul, le statut coopératif offre la possibilité d'associer les porteurs de projet au fonctionnement de la structure qui les accompagne.

2. Les associés

Une équipe permanente de salariés associés et d'entrepreneurs associés gère et anime l'entreprise. Chaque *entrepreneur associé* développe de façon autonome sa propre activité et perçoit un salaire à hauteur du chiffre d'affaires qu'il apporte et participe aux charges communes en reversant 10 % du chiffre d'affaires à la coopérative.

3. Les porteurs de projets

D'une part, ce sont les entrepreneurs salariés : ils ont démarré une activité et peuvent devenir salariés avec un CDI à temps partiel grâce au chiffre d'affaires apporté (10 % du chiffre d'affaires). Car la CAE n'assure ni l'hébergement de l'activité, ni son financement. Cependant, elle peut aider l'entrepreneur salarié par son *réseau de relation* à acquérir un local.

D'une part, le statut *d'entrepreneur salarié* offre la possibilité de développer son activité tout en conservant leurs droits sociaux. En effet, la faiblesse du chiffre d'affaires initial conduit souvent à conclure des premiers contrats à temps très partiel (une dizaine d'heures par mois) avec une rémunération équivalente au Smic. Dans ce cas, les porteurs de projet entrent dans le cadre du dispositif « activité réduite » de l'Assedic, ce qui leur permet de conserver une partie de leurs allocations chômage. L'entrepreneur salarié peut sortir ensuite de la CAE pour constituer une entreprise indépendante. À la sortie, la majorité des créations d'entreprises se font en SCOP.

D'autre part, ce sont les *entrepreneurs accompagnés* : la CAE accompagne l'entrepreneur dans son projet à l'aide d'une convention ; l'entrepreneur conserve ainsi son statut social précédent, pendant la recherche des premiers clients. Les questions fiscales ou comptables sont prises en charge par la CAE. Celle-ci propose également des services comme la mise à disposition d'ordinateurs, la connexion à Internet.

En somme, les entrepreneurs salariés sont collectivement responsables de la pérennité de la CAE. Ils apprennent les contraintes d'une entreprise sur un projet qui n'est directement le leur et sans risques juridiques.

4. Les secteurs économiques

Les CAE ne peuvent pas accueillir des projets nécessitant des investissements importants comme une production industrielle ou un restaurant. Les CAE sont donc centrées sur les *services et l'artisanat*.

Un projet de BTP sera difficile à soutenir en raison de la prime d'assurance qu'il suppose. Cependant, une CAE toulousaine Coopaction s'est spécialisée dans les projets BTP sans restriction géographique.

VI. LA SOCIÉTÉ COOPÉRATIVE EUROPÉENNE (SCE)

Le 20 juin 2002, le concept de coopérative a, pour la première fois depuis son origine au début du XIXe siècle, été reconnu pleinement, officiellement dans le monde entier, puisque l'Organisation mondiale du travail (OIT) a voté la recommandation 193/2002 concernant la promotion des coopératives. La recommandation a repris exactement la définition, les sept principes et les dix valeurs coopératifs de la déclaration sur l'identité coopérative de l'Alliance coopérative internationale (ACI) adoptée en 1995 à Manchester par le mouvement coopératif. Ainsi, le mouvement coopératif voit ses propres normes officialisées. Et la contribution des coopératives à la société et aux objectifs des politiques publiques reçoit une reconnaissance particulièrement forte.

La Commission européenne, dans l'établissement d'un cadre normatif européen pour les coopératives, a suivi de près le processus de construction de cet instrument mondial. La Commission européenne a pris en compte l'hétérogénéité des statuts coopératifs en Europe dans son approche d'harmonisation communautaire des législations et a œuvré afin que le maintien des disparités ne soit pas un obstacle aux échanges commerciaux, car on dénombre en 2005, 235 000 coopératives en Europe. Le *22 juillet 2003*, il a été décidé la création d'un type de *Société coopérative européenne* dont l'objet est de faciliter les activités transnationales (règlement du Conseil de l'Europe, CE n° 1435/2003). Les principes fondateurs de la SCE se limitent au tronc commun du cadre juridique régissant la coopération dans les 27 États membres, car le règlement SCE renvoie aux droits nationaux spécifiques aux coopératives. En définitive, il apparaît que le choix de la localisation du siège social de la société est loin d'être neutre.

1. Le siège social

Comme les autres groupements européens, la société coopérative européenne est une société relevant du droit d'un État membre dans lequel le règlement est d'application directe. C'est le siège social qui détermine la localisation de la société et son ordre juridique de rattachement. Bien plus, les fondateurs de la SCE n'ont pas le libre choix de fixer le siège social. Le règlement relatif à la société coopérative européenne repose sur *le principe « continental » du siège réel* c'est-à-dire que la société doit avoir dans le même État son siège social et son administration.

> **Article 6 du règlement** : Siège : il doit être situé dans la Communauté, dans le même État membre de résidence que l'administration de la SCE.

2. La hiérarchie des règles

L'**article 8** du règlement pose une hiérarchie de rattachement complexe : le règlement SCE, les statuts de la SCE, la loi de l'État membre.

Le règlement prime, bien sûr. Puis, viennent dans l'ordre, les statuts lorsque le règlement le prévoit expressément, ensuite les lois nationales spécifiques aux sociétés coopératives européennes, puis les lois nationales applicables aux sociétés coopératives nationales, enfin les statuts dans les mêmes conditions que pour une société coopérative nationale. Le renvoi direct aux statuts est significatif. Il semble offrir *un espace de liberté* là où la loi nationale peut être plus contraignante.

3. Les principes coopératifs

Le règlement soulève de délicates questions d'éthique et d'articulation avec les droits nationaux, tous imprégnés, mais sans doute différemment des principes originels du mouvement coopératif. On ne peut comprendre le règlement du Conseil du 22 juillet 2003 qu'en le replaçant dans une perspective historique et européenne.

Au milieu du XIXe siècle, avec les équitables pionniers de Rochdale, et les idées utilitaristes et libérales de Stuart Mill ou de George Owen, on concevait les coopératives comme des regroupements de producteurs ou d'ouvriers. Vers 1830, de telles coopératives virent le jour en Grande-Bretagne. En France, l'essor réel des coopératives remonte à 1864. Par touches successives, le législateur français a accompagné l'évolution du mouvement coopératif. La jurisprudence a aussi, avec pragmatisme, permis aux sociétés du mouvement coopératif de se placer en concurrentes efficaces sur leurs marchés. On peut citer à cet effet, le célèbre arrêt caisse rurale de la commune de Manigod, véritable acte de naissance fiscal du Crédit Agricole (Caisse ch réunies, 11 mars 1914, DP 1914, 1257, note LS). La pureté des principes originels s'est émoussée. La commercialité envahit le mouvement coopératif et le statut de société commerciale devient une sorte de droit commun.

Le règlement du 22 juillet 2003 sur la SCE s'inscrit dans cette perspective : respect des principes coopératifs et efficacité économique.

• **Le principe de « double qualité »**

Le coopérateur est à la fois associé et partenaire économique.

C'est **l'article 1 §3** qui définit l'objet principal de la coopérative. Son objet est la satisfaction des besoins et/ou le développement des activités économiques de ses membres. Les coopératives européennes sont *obligatoirement à capital variable* (**article 1er §2**) ce qui est inéluctable compte tenu du droit de retrait ou de la faculté d'exclusion.

- **Le principe démocratique**

Le principe de vote est celui, selon lequel un homme a une voix. Mais, il est possible de tenir compte de la « participation » aux activités de la coopérative qui peut être une relation d'affaires.

> **Article 59 du règlement :** Principe : « un homme = une voix, quel que soit le nombre de parts. » « Pondération possible en fonction de l'activité avec la coopérative avec un maximum de cinq voix par membre ou de 30 % des droits de vote.
>
> Un droit de vote peut être accordé aux investisseurs dans la limite maximum de 25 % de droits de vote. La représentation des salariés est possible avec un maximum de 15 % de droits de vote. »

- **Le principe altruiste**

La coopérative n'est pas une société de capitaux. Les coopérateurs n'ont pas droit à un bénéfice distribuable égal à l'excédent. Néanmoins, le règlement permet aux statuts de prévoir la distribution de ristournes coopératives.

> **Article 67 du règlement**
>
> « Après affectation aux réserves et ristournes, *l'excédent* est distribué aux membres sur décision de l'assemblée générale qui peut choisir d'affecter et excédent aux réserves légales, de reporter cette distribution ou encore de rémunérer le capital en numéraire ou en parts. La distribution peut être exclue par les statuts. »
>
> **Article 66 du règlement**
>
> « Les *ristournes* sont versées proportionnellement à l'activité réalisée par la coopérative. »

- **Le principe de non-partage des réserves**

Le règlement impose la constitution d'une réserve légale.

> **Article 65 du règlement**
>
> « Les règles d'affectation du résultat sont fixées par les statuts.
>
> En ce qui concerne les excédents, ils sont d'abord imputés sur la réserve légale par prélèvement représentant au moins 15 % de l'excédent et jusqu'à ce que le montant de la réserve soit égal à celui du capital. Les membres sortants n'ont aucun droit sur les réserves légales. »

À l'aube du XXIe siècle, on observe des groupes coopératifs complexes développant des réseaux d'alliances entre eux, mais aussi avec des partenaires capitalistes, tant en France qu'en Europe, il est sûr que le statut de la SCE ne peut qu'encourager cette nouvelle pratique de la coopération et lui permettre de se renouveler. En outre, si l'on examine les grands principes qui sous-tendent le développement durable identifiés dans le rapport Brundtland, on note une certaine similitude avec ceux issus de la théorie de la coopération et formulés par l'ACI (Association coopérative internationale) : la solidarité intergénérations, la gouvernance impliquant les différentes parties prenantes, la primauté donnée à la lutte contre la précarité. L'émergence du concept de développement durable représente bien dans ce contexte une opportunité de redécouverte de la coopération.

VII. LA FISCALITÉ DES COOPÉRATIVES

La Fiscalité a tenu compte des particularités des coopératives, et ce régime fiscal différent fut d'ailleurs parmi les revendications auxquelles furent très attachés les premiers coopérateurs. Ce régime fiscal, qui ne peut être qualifié de dérogatoire, est cependant appliqué de façon différente selon les types de coopératives et de sociétés coopératives. Il concerne principalement la fiscalité directe, soit l'impôt sur les bénéfices des sociétés dit IS, ainsi que la Taxe professionnelle, impôt local.

1. L'impôt sur les sociétés (IS)

• **Le régime d'imposition**

Les sociétés coopératives sont assujetties à l'impôt sur les sociétés commerciales, en raison de leur forme (SA ou SARL), mais aussi en application de l'article 206-1 du Code général des impôts (CGI) ainsi que les unions de coopératives dans les conditions de droit commun.

La loi autorise les *sociétés coopératives de consommation* à déduire de leur bénéfice imposable à l'IS les ristournes provenant des opérations faites avec les associés et distribuées à ces derniers au prorata des la commande de chacun d'eux. De même, les *sociétés d'intérêt collectif agricole – Sica –* peuvent déduire les ristournes versées à leurs associés au prorata de leurs activités. Dans le *statut SCOP*, la ristourne prend la qualification de « part travail », elle est constituée d'un minimum de 25 % des excédents nets de gestion – ENG. La ristourne est attribuée aux travailleurs remplissant certaines conditions d'ancienneté et elle correspond à un ajustement du salaire justifié par la double qualité du salarié, souvent associé, conformément à la finalité de la société coopérative. La ristourne peut être affectée en totalité ou en partie à la constitution de la réserve spéciale de participation. Dans ce cas, la SCOP est autorisée à constituer une provision pour investissement d'un montant identique à celui de la réserve de participation. Cette provision constituée est fiscalement déductible, de manière extra-comptable, des excédents de gestion de l'exercice même, et non de l'exercice de comptabilisation de la provision, contrairement aux règles de droit commun. Cela est avantageux.

L'administration fiscale a étendu le régime de déduction des ristournes dans les mêmes conditions aux *autres organismes coopératifs, mutualistes ou similaires* qui répartissent une fraction de leurs bénéfices entre leurs adhérents au prorata des opérations traitées avec chacun d'eux et du travail fourni. Les sommes ainsi réparties viennent donc en diminution des bénéfices imposables de l'organisme. Parmi eux, on rencontre les Banques Populaires, les sociétés de caution mutuelle, les coopératives de commerçants détaillants.

- **Les coopératives exonérées**

Plusieurs types de coopératives échappent à l'IS à condition de fonctionner conformément aux dispositions qui les régissent.

– ce sont les sociétés coopératives agricoles *d'approvisionnement et d'achat* et leurs unions, sauf pour les opérations effectuées avec les non-sociétaires ;

– ce sont les sociétés coopératives de production, transformation, conservation et vente de produits agricoles, ainsi que leurs unions, sauf pour les opérations suivantes :

- les opérations effectuées avec des non-sociétaires,
- les ventes dans un magasin de détail distinct de l'établissement principal,
- les opérations de transformation portant sur des produits autres que ceux destinés à l'alimentation et pouvant être utilisés comme matières premières dans l'agriculture ou l'industrie ;

– ce sont les coopératives d'utilisation en commun de matériel agricole – Cuma ;

– ce sont les coopératives d'insémination artificielle ;

– ce sont les coopératives artisanales et leurs unions ;

– ce sont les coopératives d'entreprises de transports ;

– ce sont les coopératives de transport fluvial ;

– ce sont les coopératives maritimes et leurs unions, excepté pour les opérations effectuées avec les non-sociétaires ;

– ce sont les sociétés coopératives de construction.

Cependant, les sociétés coopératives qui émettent des certificats d'investissement et celles qui ouvrent leur capital à des associés non coopérateurs sont toutefois assujetties à l'IS : imposition des résultats correspondant à la part des non-coopérateurs.

2. La Taxe professionnelle

Un grand nombre d'exonérations sont prévues pour les coopératives.

- **Réduction totale de la Taxe professionnelle**

Ce sont les *sociétés coopératives agricoles et leurs unions*, ainsi que les Sica qui sont exonérées lorsque :

– elles emploient au plus trois salariés ;

– ou quelque soit leur effectif, si elles se consacrent à l'électrification, à l'habitat ou à l'aménagement rural, à l'utilisation de matériel agricole, à l'insémination artificielle, à la lutte conte les maladies des animaux et végétaux, au conditionnement des fruits et légumes, à l'organisation de ventes aux enchères et à la vinification.

Ce sont les *sociétés coopératives d'artisans ou de patrons bateliers*, leurs unions et les sociétés coopératives maritimes.

Ce sont les *sociétés coopératives ouvrières de production* qui fonctionnent conformément aux dispositions qui les régissent.

- **Réduction partielle**

Lorsqu'elles ne sont pas exonérées de la Taxe professionnelle, les coopératives et unions de *coopératives agricoles* et *les Sica* bénéficient d'une réduction de moitié de leur base d'imposition.

De même, les sociétés *coopératives d'artisans ou de patrons bateleurs*, ainsi que leurs unions et les sociétés coopératives maritimes sont imposables sur des bases réduites de moitié, lorsque le capital est détenu de 20 à 50 % par des associés extérieurs ou par des titulaires de certificats d'investissement et que les statuts permettent leur rémunération.

Si les coopératives agricoles ainsi que les coopératives et artisanales ou maritimes font appel public à l'épargne, elles perdent le bénéfice de l'assujettissement partiel et sont imposables sans réduction de base en perdant les particularités de la coopérative.

Partie 2

Enjeux et gouvernance des organisations de l'économie sociale et solidaire

Une entreprise de l'économie sociale et solidaire se caractérise par ses objectifs qui ne sont pas orientés vers la réalisation du profit maximal mais qui se déclinent également en termes de solidarité et de développement de la société dans laquelle elle inscrit son action. Bien qu'une telle entreprise puisse prendre des formes juridiques variées, nous retiendrons dans cette partie le concept de « coopérative » pour définir toute entreprise exerçant dans le domaine de l'économie sociale et solidaire. Nous nous appuyons sur la définition de l'OIT (Organisation internationale du travail) :

> « Le terme "coopérative" désigne une association autonome de personnes volontairement réunies pour satisfaire leurs aspirations et besoins économiques, sociaux et culturels communs au moyen d'une entreprise dont la propriété est collective et où le pouvoir est exercé démocratiquement ».[1]

Des entreprises commerciales à but lucratif peuvent intervenir dans l'économie sociale et solidaire, mais elles agissent alors de façon individuelle ; tandis que les coopératives peuvent être considérées comme étant la forme naturelle des organisations opérant dans le cadre de l'économie sociale et solidaire. Les structures associatives sont, quant à elles, l'instrument privilégié pour réinsérer dans le circuit économique des acteurs ou des populations qui en ont été exclues.

---

1. OIT (2002), « Recommandation concernant la promotion des coopératives ».

Chapitre 5

Des enjeux organisationnels spécifiques

Les coopératives constituent une forme organisationnelle qui permet de répondre à des besoins non couverts par les entreprises commerciales classiques opérant dans le cadre d'une économie de marché. Ces besoins sont notamment liés à l'existence de prix inefficients et au besoin de solidarité inhérent aux personnes vivant en société. La prégnance des principes coopératifs exige cependant que les coopératives sachent définir leur périmètre et s'y tenir, sous peine d'y perdre leur raison d'être.

I. DES OBJECTIFS OPÉRATIONNELS NON GUIDÉS PAR LA RECHERCHE DU PROFIT

Les coopératives interviennent dans le jeu économique, elles s'engagent dans des activités assurant un équilibre financier de moyen terme, elles favorisent la réalisation de l'activité économique de leurs adhérents, mais elles n'ont pas pour objet de rechercher un profit autre que celui nécessaire à leur pérennité et à un développement équilibré.

1. Le profit en tant qu'indicateur de l'efficience dans la gestion opérationnelle

Dans une économie de marché, l'efficience est la capacité à maximiser l'écart entre la valeur de marché créée et le coût des ressources consommées. La valeur de marché créée est mesurée sous forme monétaire par le prix acquitté par les clients. Le coût des ressources consommées est également mesuré sous forme monétaire, par le prix des ressources acquises. La comptabilité générale est le système d'information qui permet cette mesure de l'écart entre les biens ou les services réalisés et facturés et les ressources acquises et consommées. Le profit est ainsi, dans une économie de marché elle-même efficiente, le critère essentiel (voire unique si l'efficience du marché est parfaite) de l'efficience d'une entreprise.

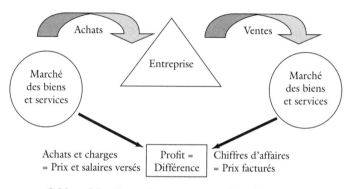

Schéma 5.1 – Le profit en tant que critère d'efficience

Pour tenir compte des décalages entre les dates d'achat (ou de vente) et les dates effectives de consommation, la comptabilité générale introduit tout un jeu comptable de comptes de stocks, ou de charges et produits constatés d'avance (ou au contraire de charges à payer et de produits à recevoir). De même, le traitement comptable des actifs immobilisés obéit à des règles d'amortissement et de provision, mais cela ne remet pas en cause la logique globale de la comptabilité qui est d'enregistrer l'ensemble des transactions réalisées par une entité avec des entités tierces. Le solde de ces transactions constitue le profit. Le bénéfice comptable tient compte du coût des capitaux empruntés mais il n'intègre pas le coût des fonds propres. Dans le cadre d'une analyse économique, il est possible de réintégrer ce coût des fonds propres en considérant que le risque de l'entreprise et l'immobilisation des capitaux justifient une certaine rémunération.

2. Les choix de production dans une économie concurrentielle et efficiente

Si l'efficience est l'objectif essentiel d'une entreprise, celle-ci déterminera ses choix d'investissement et de production en fonction des prix de marché tant de ses produits que de ses charges.

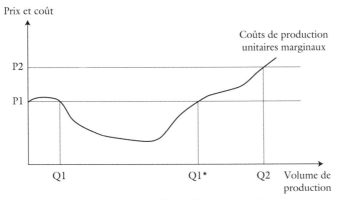

Schéma 5.2 – Le choix d'un volume de production en fonction des prix et des coûts

Ainsi, en supposant que notre entreprise soit monoproduit, l'entreprise peut dessiner sa courbe de coût marginal en fonction de son volume de production. Cette courbe de coût de production montre que l'entreprise connaît rapidement des économies d'échelle, mais qu'à partir d'un certain niveau de production ses coûts unitaires recommencent à augmenter en raison de coûts de structure plus élevés (des coûts de coordination et de contrôle notamment) et peut-être aussi en raison d'une augmentation du prix de certaines ressources si ces ressources sont rares.

Sur cette courbe, si le prix du marché est de P1, l'entreprise choisira de produire Q1* (et non Q1 qui ne maximise pas le profit de l'entreprise). Par contre, si le prix augmente à P2, l'entreprise accroîtra sa production jusqu'en Q2.

Si l'entreprise se fixe des objectifs de solidarité (schéma 5.3). Par exemple, parce qu'elle fournit des produits à une population ne disposant pas des moyens nécessaires pour se les procurer au-delà d'un certain prix appelé P0, quelle est la conséquence sur la gestion de l'entreprise ? L'entreprise va alors se fixer un objectif de production en Q0* (Q0 correspond au point à partir duquel elle commence à gagner de l'argent sur chaque produit vendu). On remarquera que P0 ne peut pas correspondre au coût marginal le plus faible car, dans ce cas, l'entreprise serait non viable économiquement. Le prix P0 permet à l'entreprise de dégager un léger profit (la zone de bénéfice hachurée sur le schéma est légèrement plus importante que la zone de perte également hachurée).

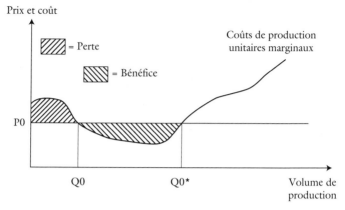

Schéma 5.3 – Les conséquences de la solidarité sur le volume de production

Représenté différemment, en fonction du chiffre d'affaires total et du volume de production réalisés, on obtient le schéma suivant :

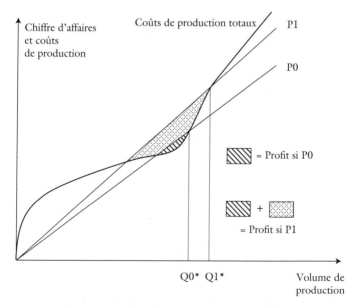

Schéma 5.4 – L'arbitrage entre profit et solidarité

Dans une économie de marché concurrentielle et efficiente, le prix du produit ou du service devrait tendre vers P0. En effet, si des entreprises peuvent dégager des profits élevés, après rémunération du risque supporté par les apporteurs de capitaux, d'autres entreprises seront attirées par ce marché, l'offre augmentera et le prix d'équilibre baissera. Si l'économie est concurrentielle et efficiente, l'existence pérenne d'entreprises se situant dans une logique d'économie sociale et solidaire n'est pas garantie ; ou alors, ces entreprises ne peuvent pas se distinguer fondamentalement des autres entreprises et dans ce cas les valeurs de solidarité et d'économie sociale ne sont que des arguments commerciaux.

Par contre, si l'économie est marquée par la présence d'oligopoles, alors il existe une possibilité d'existence pour les entreprises de l'économie sociale et solidaire. Ces entreprises ne menacent pas directement les entreprises oligopolistiques et parfois même il existe une certaine complémentarité entre les entreprises oligopolistiques tournées vers le profit et les entreprises animées de valeurs différentes.

3. La problématique économique des coopératives

Pour que l'entreprise puisse réellement s'inscrire dans le cadre d'une économie sociale et solidaire il faut :

– soit que le marché soit inefficient ou non concurrentiel ;

– soit que l'entreprise, en raison de son insertion dans cette économie sociale et solidaire, dispose d'un avantage qui puisse compenser le surcoût de ses ressources consommées ou le prix réduit de ses biens ou services vendus.

Il apparaît évident que les entreprises commerciales de capitaux classiques ne disposent pas d'un avantage compétitif leur permettant de s'extraire durablement d'une logique de marché imposant un alignement sur les prix du marché. En sens inverse, les structures associatives, quand elles interviennent dans le jeu économique, soulèvent de nombreuses questions de gouvernance liées à l'absence d'acteurs de référence dans la fixation des objectifs économiques. La structure la plus adaptée aux enjeux de l'économie sociale et solidaire est clairement la coopérative (ou sa forme voisine la mutuelle) en raison de ses spécificités en matière de gouvernance et de son intégration des diverses parties prenantes.

Mais, dans le même temps, cet avantage compétitif dont disposent les coopératives dans le cadre de l'économie sociale et solidaire repose également sur le respect d'un certain nombre de règles et de principes qui conditionnent la pérennité de la coopérative en tant que coopérative.

Les entreprises de l'économie sociale et solidaire cherchant à réaliser d'autres objectifs que la maximisation du profit, ces objectifs se traduisent fréquemment par un coût des ressources consommées supérieur au prix du marché, non seulement en raison des dépenses liées à l'acquisition des ressources mais également en raison d'un prix des ressources parfois supérieur au prix du marché. Un exemple simple est celui du café. Le café promu sous le label Max Havelaar de commerce équitable indique ainsi que le prix versé aux exploitants des pays d'origine est supérieur au prix résultant des cours mondiaux du café.

Sur un marché très concurrentiel, comme l'est celui du café, et où de surcroît certaines multinationales bénéficient d'économies d'échelles très significatives, l'équilibre des fabricants de café labellisé commerce équitable repose, soit sur une diminution des ressources consommées par ailleurs (c'est en partie le cas pour les dépenses publicitaires qui sont moindres pour un café labellisé commerce équitable que pour un café de multinationale), soit sur une augmentation du prix de vente.

Dans ce dernier cas, le consommateur accepte de verser un supplément de prix en raison de la démarche éthique et solidaire liée à son acte d'achat. En consommant son café, il sait qu'il a favorisé une certaine dignité des petits producteurs de café en leur garantissant un revenu décent. Le marché du commerce équitable s'apparenterait alors à une forme spécifique de segmentation du marché où le supplément de valeur du produit ne serait pas lié à la marque ou au goût mais à sa dimension solidaire et éthique.

Du point de vue économique, rien n'interdirait à une entreprise commerciale multinationale de créer une sous-marque qui respecterait les contraintes du commerce équitable et qui permettrait ainsi à la multinationale de capter des parts de marché sur ce segment de marché très spécifique. Dans ce cas, en quoi les entreprises de l'économie sociale et solidaire pourraient-elles se différencier ? Autrement dit, si le consommateur souhaite promouvoir le bien-être des petits producteurs de café, est-il sensible au fait que le café acheté est ensuite transformé et vendu par une coopérative ou une association plutôt que par une multinationale ?

S'il existe réellement un lien entre la spécificité de l'économie sociale et solidaire et les Organisations de l'économie sociale et solidaire, c'est que ces dernières disposent d'un avantage compétitif qui leur permet de se démarquer des entreprises commerciales classiques.

Cet avantage peut provenir soit d'avantages octroyés par les pouvoirs publics (*cf.* le régime juridique et fiscal des organisations de l'économie sociale et solidaire), soit d'avantages liés à la nature de ces organisations, c'est-à-dire aux liens très spécifiques qui unissent les différentes parties prenantes de l'organisation.

II. UNE STRATÉGIE DE MISE À DISTANCE DE CERTAINS PRIX DU MARCHÉ

Les prix ne permettent pas nécessairement de refléter toute l'information. Dans certains cas, cette information n'est qu'imparfaitement diffusée sur le marché. Dans d'autres cas, certaines parties n'arrivent pas à faire respecter leurs droits sur le marché et parfois même elles en sont totalement exclues.

1. Des situations d'asymétrie sur le marché

Les marchés sont fréquemment l'objet d'asymétrie. Cette asymétrie peut revêtir la forme d'une asymétrie d'information ou celle d'une asymétrie dans le pouvoir de négociation des conditions du marché, et notamment du prix. Théoriquement, sur un marché concurrentiel et efficient, ces asymétries sont limitées et sont rapidement corrigées car l'existence d'un surprofit éventuel attire de nouveaux entrants. Cependant, dans un certain nombre de cas, les asymétries d'information peuvent conduire à une réduction ou à une disparition du marché.

Or, comme le soulignait Galbraith (1973)[1], l'économie moderne se caractérise davantage par des situations d'oligopoles que par des situations de concurrence pure et parfaite. Dès lors, les situations d'asymétrie vont se multiplier. Le consommateur américain des années 1960 avait le choix entre acheter un véhicule General Motors ou acheter une Ford. Comme le rapporte Hirschman (1970)[2], les acheteurs mécontents de leur véhicule General Motors écrivaient des lettres

---

1. Galbraith J.K. (1973), *Economics and the Public Purpose*, Andre Deutsch, 1974.
2. Hirschman A.O. (1970), *Exit, Voice, and Loyalty*, Harvard University Press.

indignées où ils indiquaient qu'ils achèteraient dorénavant des Ford et, en sens inverse, les acquéreurs d'un véhicule Ford mécontents indiquaient qu'ils achèteraient dorénavant des véhicules General Motors. Le choix était relativement limité. Aujourd'hui, la même situation se retrouve en France avec les opérateurs de téléphonie ou les moyens de transport.

Cette situation d'asymétrie se double d'enjeux parfois très différents pour les acteurs. Sur un certain nombre de marchés, l'enjeu est limité au niveau du profit réalisé pour les acteurs les plus importants alors que pour d'autres il s'agit d'une question de survie.

Ainsi, pour les multinationales de la transformation du café, les règles sont relativement simples et le prix d'achat du café est fonction des cours mondiaux qui dépendent eux-mêmes de l'évolution de la consommation des différentes catégories de café et des conditions climatiques. Une hausse du prix de la matière est répercutée au consommateur final et ne change pas fondamentalement les parts de marché des grandes entreprises car, s'agissant de cours mondiaux, tous les acteurs la subissent ou en profitent.

Pour les petits producteurs de café, pour lesquels il s'agit d'un revenu essentiel, l'enjeu n'est clairement pas le même. Si une évolution à la hausse du cours du café entraîne une plus grande aisance, une évolution à la baisse peut avoir des conséquences dramatiques pour eux-mêmes et leur famille.

En introduisant une logique de solidarité, les coopératives permettent à ces producteurs de disposer tout à la fois d'un pouvoir de négociation et de créer un lien avec les consommateurs finaux. Le pouvoir de négociation permet à la coopérative d'influer sur les prix du marché et de devenir partie prenante à l'évolution des marchés dans lesquels les acteurs reconnus sont tous en situation oligopolistique. La création d'un lien permet aux coopérateurs de valoriser différemment leur produit en le différenciant non pas sur des critères qualitatifs ou quantitatifs mais sur des valeurs d'éthique et de partage.

Ces situations ne sont pas l'apanage des seules relations Nord-Sud. En France, dans le domaine forestier les acteurs sont très divers et certains occupent des positions prééminentes. Ce secteur est particulièrement intéressant à étudier car plusieurs natures d'entreprises distinctes s'y côtoient encore. Dans le domaine de l'exploitation forestière on trouve ainsi des acteurs sous forme d'entreprises commerciales classiques à but lucratif et des acteurs coopératifs. Progressivement les exploitants privés cèdent la place aux coopératives forestières. Seuls subsistent les exploitants forestiers privés spécialisés sur un marché spécifique et qui jouissent d'un avantage concurrentiel lié à leur connaissance du marché et de ses acteurs.

L'essor des coopératives forestières s'explique par le rôle d'intermédiaire qu'elles jouent entre des propriétaires forestiers dispersés et des acteurs économiques régionaux, nationaux et de plus en plus internationaux. Comme le café, le prix du bois est déterminé par les échanges mondiaux. Néanmoins il existe une forte disparité dans les différentes qualités de bois et cette disparité est parfois difficile à bien identifier pour le non spécialiste (ce qui est souvent le cas des propriétaires forestiers). Traditionnellement, l'exploitant forestier réalisait son profit en acquérant au prix moyen des bois présentant une qualité supérieure et en appliquant des décotes fortes sur les bois de qualité inférieure. D'un point de vue éthique, cette attitude pouvait apparaître assez choquante mais, du point de vue de l'économie de marché, elle n'était pas répréhensible dès lors que les deux parties étaient d'accord sur le prix (même si l'une d'entre elle ne disposait pas de l'information pertinente pour exercer sa décision).

Par leur fonctionnement et les principes qui les gouvernent, les coopératives ne peuvent pas justifier ce type de comportement. Le développement des coopératives forestières s'est ainsi appuyé sur une certaine exigence éthique qui interdit à la coopérative de s'approprier un profit indu au détriment d'un coopérateur. Même si la seule éthique ne suffit pas nécessairement à interdire ce type de comportement, le fait que le propriétaire forestier soit en même temps adhérent et que, par conséquent, il puisse assister aux assemblées générales et s'y faire entendre, est un frein puissant à toute dérive comme nous le verrons dans l'étude des mécanismes de gouvernance.

2. Les marchés inefficients et l'inadéquation des prix du marché

Dans certains cas, les marchés peuvent s'avérer totalement inefficients et les prix peuvent ne pas refléter l'équilibre réel de l'offre et de la demande. Il s'agit d'une situation déclinée de la précédente, où certains acteurs n'ont pas accès au marché en raison de ressources insuffisantes, alors même qu'ils sont les premiers concernés par le marché. En

Afrique, de nombreux pays souffrent de ressources en eau insuffisantes. L'ajustement économique classique devrait être une forte augmentation du prix de l'eau qui permettrait d'équilibrer l'offre et la demande.

Une telle situation conduirait de nombreuses populations à la disparition, car ces populations ne disposent pas des ressources leur permettant d'acquérir l'eau au prix d'équilibre du marché. L'eau est donc considérée comme une ressource quasi gratuite à laquelle chacun peut avoir accès sous réserve d'engager les ressources nécessaires pour son approvisionnement. Pour les populations les plus pauvres, cela consiste à se rendre au puits pour en ramener l'eau nécessaire. Pour les acteurs disposant des ressources adéquates, cela consiste à réaliser de nouveaux forages pour disposer d'une alimentation directe. La gratuité de l'eau n'a pas les mêmes effets pour tous. Pour les populations qui supportent des coûts élevés d'accès à l'eau (le temps de transport, le poids des bidons, etc.), l'eau est une ressource rare et est traitée comme telle. Pour les acteurs plus puissants, l'eau est une ressource ayant un coût de revient faible.

Pour la réalisation de boissons sans alcool, les industriels utilisent des volumes d'eau supérieurs au volume des boissons produites, notamment en raison du processus de purification de l'eau. On observe que, du point de vue de la consommation unitaire d'eau, les usines les plus efficientes pour la production de boissons gazeuses se trouvent dans les pays développés et les moins efficientes dans les pays sous-développés. Ceci s'explique tout simplement par les prix du marché. La ressource en eau est coûteuse dans les pays développés et quasi gratuite dans les pays sous-développés.

Deux solutions sont alors possibles. Soit l'entreprise multinationale accepte de déformer ses prix de revient interne en majorant le coût de l'eau dans ses calculs de profitabilité, soit de nouvelles structures organisationnelles émergent. L'évolution des entreprises multinationales peut s'expliquer par le phénomène de développement durable et par son impact sur le consommateur final. L'entreprise multinationale peut être amenée à modifier ses prix internes, non par philanthropie mais pour capter un prix supplémentaire de la part du consommateur ou pour éviter une perte de valeur qui résulterait d'un boycott de la part de certains consommateurs.

L'apparition de nouvelles structures organisationnelles peut résulter de l'action des acteurs locaux, les populations qui souffrent de la pénurie de ressources hydriques, qui vont s'organiser et développer des formes coopératives de collecte, de traitement et de distribution de l'eau. Ces acteurs coopératifs bénéficient d'un avantage concurrentiel sur des entrepreneurs privés. En effet les consommateurs sont également les adhérents de la coopérative et ils seront donc vigilants au respect du fonctionnement. La difficulté, comme l'a observé en Argentine le groupe français Suez de distribution d'eau, est que dans les zones urbaines déshéritées, la plupart des branchements sont des branchements illégaux et cette illégalité est non seulement tolérée par la population mais elle est même considérée comme une forme normale de comportement.

La forme coopérative en confiant des rôles multiples à une même partie prenante permet de résoudre en partie ces problèmes de contrôle.

3. Le prix de la solidarité

Pourtant, cette organisation en coopératives suppose initialement l'accès à un minimum de ressources. Certains acteurs ne disposent d'aucune ressource. Il apparaît alors que la notion de prix même perd toute signification. La notion d'économie sociale et solidaire couvre également ce type de situations. La seule issue possible est de considérer que la solidarité a une valeur en elle-même et qu'il est normal d'y contribuer, soit en acceptant de verser un supplément de prix par rapport au prix du marché, soit même en contribuant à la réinsertion économique de ces acteurs.

Cette fonction de réinsertion dans l'économie est généralement assumée par les associations plus que par les coopératives. En effet, les coopératives restent dans une logique de marché avec des exigences minimales de profitabilité qui conditionnent leur survie. Ce n'est pas le cas des associations qui fonctionnent sur un équilibre complexe de dons et de prestations. Les dons proviennent de subventions de collectivités publiques ou d'organismes privés, mais également des collectes réalisées auprès des particuliers. L'équilibre des recettes et des dépenses n'est donc pas basé sur une logique économique mais sur l'adossement à des valeurs (humanistes ou religieuses).

III. UNE IMBRICATION ENTRE LES ENJEUX ET LA NATURE DE L'ENGAGEMENT DES PARTIES PRENANTES

Alors que, d'un point de vue économique, la gouvernance des entreprises commerciales de capitaux apparaît orientée vers la maximisation du profit, la gouvernance des coopératives apparaît beaucoup plus complexe car ne pouvant pas être orientée vers un seul objectif nettement quantifiable.

Les coopératives répondent à des enjeux organisationnels spécifiques, et leur mode de gouvernance diffère, par de nombreux points, de celui des sociétés de capitaux. Le rôle du conseil d'administration ne peut pas s'apparenter à celui de représentant des apporteurs de capitaux, mais il intègre des fonctions multiples correspondant à la multiplicité des objectifs assignés à la coopérative.

La représentation des différentes parties prenantes constitue également une spécificité et un enjeu de gouvernance pour les coopératives. Si, dans une société de capitaux, l'objectif économique de maximisation du profit implique la prise en compte des attentes des clients, cette prise en compte peut se formaliser relativement simplement. Dans le cas des coopératives, la prise en compte des clients ne peut pas être totalement distinguée de la relation avec les adhérents. La multiplicité ou l'absence d'unicité des objectifs économiques implique une complexité qui impose la prise en compte de toutes les parties prenantes. Par nature, la coopérative fait partie de la vie de la Cité. Elle n'est pas une simple extension d'un outil de travail individuel.

1. La spécificité des organisations de l'économie sociale et solidaire

L'entreprise est souvent appréhendée comme un nœud de contrats. Dans les entreprises commerciales de capitaux ce sont les actionnaires qui détiennent le pouvoir de nouer et dénouer ces contrats. Dans les coopératives et les mutuelles, ce sont les adhérents. Bien évidemment, dans les deux cas, ce pouvoir est transmis aux dirigeants et il en résulte nécessairement de nombreuses similitudes, mais l'origine du pouvoir exerce néanmoins une influence très forte.

Les actionnaires détiennent leur légitimité des capitaux qu'ils apportent. La rétribution qu'ils en attendent est la maximisation du profit qui permet de maximiser la valeur de leurs capitaux investis. Toutes les autres parties prenantes sont souvent considérées comme de simples apporteurs de ressources, rétribuées aux prix du marché. Dans une optique financière de la gouvernance, les actionnaires sont censés s'entendre sur un objectif commun : celui de la maximisation de la valeur de marché de leur entreprise. Si, effectivement, ils sont capables de s'entendre, alors il leur est possible de sélectionner un dirigeant qui aura pour mission de contrôler (au sens de diriger et de gérer) le travail des salariés de l'entreprise et les relations contractuelles avec les tiers. Une part très importante de la littérature autour de la gouvernance des entreprises porte sur les mécanismes d'incitation à mettre en œuvre pour que le dirigeant (celui qui assume la fonction de contrôle pour le compte des actionnaires) remplisse correctement sa fonction, c'est-à-dire maximise les intérêts de ses actionnaires. La plupart des incitations proposées passent par un alignement financier des intérêts du dirigeant sur ceux des actionnaires, par le biais des rémunérations variables et, surtout, par l'attribution d'actions gratuites ou d'options sur actions.

Les adhérents ont une relation beaucoup plus complexe avec leur coopérative ou leur mutuelle car les mécanismes de rétribution sont beaucoup moins linéaires. Si les adhérents perçoivent une partie du profit annuel dégagé (sous forme de ristourne sur leur apport), ils ne conservent aucun droit sur la partie du profit annuel mise en réserve et affectée au développement futur de la coopérative ou de la mutuelle. La partie du profit mise en réserve est un transfert de richesse de la part des coopérateurs de l'année vers les coopérateurs futurs (ces fonds propres permettent de financer les investissements ou les besoins en fonds de roulement nécessaires pour la poursuite et le développement de l'exploitation), mais également vers les salariés (les fonds propres garantissent la pérennité de la coopérative ou de la mutuelle).

De surcroît, les adhérents auront beaucoup plus de difficulté à s'entendre sur un objectif commun. Dans une coopérative de commercialisation, si la plupart des adhérents s'entendront sur l'objectif d'accroissement de leurs revenus, le choix d'une mesure concrète de la performance de la coopérative sera beaucoup plus complexe. Ainsi, si la coopérative décide de consacrer une partie de sa marge de négociation à privilégier des contrats à long terme au détriment d'une meilleure rémunération à court terme, y aura-t-il un consensus ? Ce n'est pas évident. Les adhérents engagés sur le long terme y seront favorables. Ceux qui ont un horizon plus réduit privilégieront un accroissement immédiat des revenus qui leur reviennent.

Le principe majoritaire permet néanmoins de dégager des objectifs qui seront assignés à la coopérative et à son équipe de direction. Mais, comme on vient de le voir, il ne s'agit pas d'objectifs qui viendraient d'un développement théorique (comme c'est le cas pour l'objectif de maximisation du profit pour les sociétés commerciales), mais d'objectifs résultant de négociations et d'un vote entre les adhérents. Se pose alors la question de la mise en œuvre de ces objectifs et du contrôle de leur réalisation effective. C'est un premier point de s'entendre sur des objectifs communs, c'en est un second de les mettre en pratique.

2. Les adhérents et leur implication dans la durée

Les adhérents d'une coopérative sont tout à la fois fournisseurs ou clients, apporteurs de capitaux, et détenteurs d'un droit de vote.

Les adhérents sont d'abord fournisseurs ou clients de leur coopérative. La première raison d'être d'une coopérative n'est pas de dégager du profit ni d'accroître sa valeur, mais de faciliter l'activité de ses adhérents. Historiquement, les coopératives sont souvent nées de la décision de quelques agriculteurs, propriétaires forestiers, artisans ou industriels, de mettre en commun, ou de développer, une partie de leurs activités. La coopérative résulte très souvent du constat de l'économie d'échelle dans la gestion des achats ou des ventes, et dans la capacité à disposer d'un pouvoir de négociation face aux autres clients ou fournisseurs. La coopérative est donc née du prolongement naturel de l'activité de ses membres.

Afin d'assurer un volume minimum de capitaux propres, la coopérative demande de surcroît à ses adhérents l'acquisition de parts sociales en fonction, soit de l'activité réalisée avec la coopérative, soit de l'importance de l'exploitation de l'adhérent. L'apport de capitaux propres n'obéit donc pas à une logique de rentabilité financière qui serait la contrepartie d'une prise de risque. Les capitaux propres d'une coopérative ne peuvent pas être considérés comme des capitaux dont il convient de maximiser la valeur, mais comme des capitaux indispensables au fonctionnement harmonieux et pérenne de la coopérative. Ces capitaux propres couvrent le risque de défaillance de la coopérative. Néanmoins, en cas d'insuffisance de ces capitaux propres, les associés coopérateurs (les adhérents) peuvent être appelés en comblement de passif à hauteur de deux fois le montant des parts qui ont été ou qui auraient dû être souscrites.

Si les parts sociales peuvent donner lieu à une rémunération sous forme d'intérêt, il ne s'agit pas d'une participation aux bénéfices. Si le résultat net de l'activité est bénéficiaire, après versement de l'intérêt dû aux parts sociales, le solde est, soit porté en réserve (comme pour toute entreprise commerciale), soit distribué. Mais, dans le cas de la distribution, la répartition n'est pas faite en fonction du capital détenu, mais en fonction du volume d'activités réalisé au cours de l'année par chaque adhérent. La répartition de l'excédent annuel disponible (le résultat net) prend donc la forme d'une ristourne pour chacun des adhérents. Du point de vue financier, la primauté de la fonction de client ou fournisseur de l'adhérent est très clairement indiquée par rapport à la fonction de détenteur d'une fraction du capital.

Pour couronner l'ensemble, en cas de retrait d'un adhérent, ses parts sociales lui sont remboursées à leur valeur nominale et non en fonction du calcul de la valeur de marché de la coopérative à la date du retrait. La détention du capital social de la coopérative n'est donc pas un placement financier destiné à accroître le patrimoine de l'adhérent mais un moyen de fonctionnement de la coopérative.

Les adhérents sont également détenteurs d'un droit de vote, mais ce droit de vote ne dépend pas du volume de parts sociales détenues. En principe, ce droit de vote est identique pour tous, mais les statuts peuvent en décider autrement en le faisant varier en fonction du volume d'activités réalisé entre l'adhérent et la coopérative.

La relation entre l'adhérent et sa coopérative est très clairement orientée vers la prédominance de la fonction client ou fournisseur et non vers celle d'apporteur de capitaux. Les conséquences en matière de contrôle en sont multiples.

3. Les interactions entre les parties prenantes

Les organisations de l'économie sociale et solidaire présentent une imbrication plus importante entre les différentes parties prenantes. Il s'agit tout à la fois d'une source de coûts supplémentaires en raison de la complexification des relations contractuelles qui en résulte, et en même temps d'une source potentielle de synergie dans la mesure où cette imbrication favorise des processus liés à la pérennité de l'engagement des parties prenantes.

Ainsi, dans le cas du café vendu sous le label de commerce équitable, l'avantage concurrentiel des coopératives ne réside pas dans une meilleure maîtrise du processus de transformation mais dans le lien qui unit les consommateurs aux producteurs. Si l'entreprise réalisant ce café maximise son profit, l'acte d'achat du consommateur s'assimile au versement d'un don à une organisation caritative, le consommateur paie un supplément de prix qui est en partie reversé à des petits producteurs de café. Si l'entreprise qui réalise ce café a une forme coopérative, le consommateur devient partie prenante de l'ensemble du processus car la forme coopérative ne se justifie pas par la poursuite du profit mais par la possibilité de donner à de petits producteurs un revenu décent. Du point de vue du consommateur il existe ainsi une consonance positive très forte dans son acte d'achat puisqu'il se situe alors pleinement dans une démarche de solidarité.

IV. LA DÉFINITION DU PÉRIMÈTRE DES COOPÉRATIVES

Les coopératives constituent une forme d'organisation du travail en commun. Elles se différencient des trois autres formes envisageables que sont le marché, les sociétés de capitaux et les structures associatives.

1. Par rapport au marché

Historiquement de nombreuses coopératives sont apparues pour répondre aux déficiences du marché. Dans le domaine du crédit, les premières institutions de crédit coopératif sont apparues pour faciliter la modernisation des exploitations agricoles ou artisanales. Ces institutions collectaient les fonds que certains exploitants ou artisans avaient de disponible provisoirement et en profitaient pour prêter, sur des périodes plus longues, aux exploitants ou artisans ayant des projets d'investissement.

Toute coopérative devrait toujours s'interroger sur la pertinence de son existence par rapport aux marchés, sur son apport spécifique. En effet, ce qui était vrai il y a cinquante ans ne l'est plus forcément aujourd'hui. Pour apprécier cette pertinence, il est possible de s'appuyer sur l'analyse développée par Coase puis Williamson sur les coûts de transaction[1].

Les coûts de transaction sont les coûts associés à la réalisation d'une transaction. Ainsi, si un exploitant agricole souhaite acheter des engrais, il devra d'abord vérifier la nature et la marque des engrais qu'il souhaite. Il pourrait théoriquement contacter directement le

---

1. Coase R.H. (1937), « The Nature of the Firm », in *The Nature of the Firm, Origins, Evolution, and Development*, edited by Williamson O.E. and Winter S.G., 1991, Oxford University Press.

fabricant qui vérifiera que l'exploitant est solvable, qui ouvrira un compte client, émettra une facture spécifique, assurera la livraison, suivra le règlement. Même si le fait de s'adresser directement au fournisseur fait économiser la rémunération d'un intermédiaire, les coûts de transaction associés seront significatifs.

L'apport de la coopérative agricole consiste à réduire les coûts de transaction. La coopérative identifiera certaines marques d'engrais pour lesquelles elle disposera de remises quantitatives de la part du producteur. Quand la coopérative vendra à l'exploitant agricole, elle lui proposera éventuellement un différé de paiement fondé sur la livraison de la future récolte, et les coûts de transaction porteront également sur d'autres transactions telles que les achats de matériel ou les livraisons des récoltes. L'opération d'intermédiation de la coopérative agricole sera intéressante dès lors que les coûts de transaction seront significativement réduits par rapport aux autres solutions existantes.

L'approche par les coûts de transaction a aussi une pertinence dans l'aide à la définition du périmètre de la coopérative. En effet, une coopérative devra, ou pourra, s'étendre dans de nouvelles activités, à partir du moment où les coûts de transaction qu'elle supportera pour gérer ces nouvelles transactions seront inférieurs aux coûts de transaction que supportaient antérieurement les adhérents. Les coopératives sont très souvent confrontées à ce type de situation. Pour une coopérative agricole ce peut-être l'ajout d'une activité de distribution d'engins motoculteurs. Pour une coopérative forestière, ce peut être le rachat d'une scierie ou la création d'une installation industrielle pour valoriser des sous-produits délaissés par le marché.

2. Par rapport aux entreprises commerciales à but lucratif

Dans de nombreux domaines on observe la coexistence de sociétés de capitaux et d'entreprises coopératives ou mutualistes. C'est le cas dans le domaine financier, mais également dans le domaine forestier ou dans l'agroalimentaire. La vision concurrentielle classique consiste à considérer qu'à partir du moment où toutes les formes organisationnelles disposent des mêmes conditions réglementaires ou légales, c'est le marché qui permettra de départager les formes organisationnelles les plus efficientes.

Cette analyse est cependant insuffisante car, d'une part les coopératives ou les mutuelles disposent souvent d'avantages fiscaux, et d'autre part elles sont soumises à des réglementations plus contraignantes. Du point de vue européen, les avantages fiscaux octroyés aux formes coopératives ne se justifient que par les contraintes supplémentaires pesant sur elles. Mais la question mérite d'être approfondie car il est vraisemblable que la réponse devrait être nuancée selon la nature du secteur et la taille des organisations.

Dans le domaine financier, le Crédit Agricole est-il encore un organisme coopératif ? Quels sont les arguments qui permettent de justifier le maintien de cette organisation dans le cadre de l'économie sociale et solidaire ? La même question se pose quasiment pour tous les acteurs nationaux de ce domaine.

La réponse est sans doute dans l'examen du respect des principes coopératifs par le Crédit Agricole. La forme coopérative affranchit le Crédit Agricole des mécanismes de contrôle liés au marché tout en réduisant le poids des incitations à une meilleure efficience dans la gestion de ses ressources. Le Crédit Agricole a ainsi développé des activités économiques aux États-Unis. Ces activités sont essentiellement des activités de marché. En quoi cela contribue-t-il à la performance économique des adhérents ? Cela peut contribuer à la performance économique globale du Crédit Agricole mais cela n'a clairement qu'une incidence très lointaine sur la rémunération des placements et l'octroi des prêts aux adhérents.

Dans ce domaine financier, la justification des formes coopératives ou mutualistes ne peut se trouver que par l'accès qu'elles offrent aux populations marginalisées par le marché. L'essor des organismes de microcrédit démontre qu'il existe une demande. Certaines sociétés de capitaux peuvent répondre à cette demande mais le prix exigé (le taux d'intérêt pratiqué et les commissions prélevées) contribuera à renforcer l'exclusion des populations concernées. Seules les organisations coopératives ou mutualistes pourront réduire les coûts de transaction liés à l'accès au crédit de ces populations en s'appuyant sur les mécanismes de contrôle coopératif où les adhérents sont concernés à la fois économiquement et par leur droit de vote.

Dans d'autres domaines, les organismes coopératifs se justifient par leur capacité à absorber les à-coups du marché. Par exemple, dans le domaine agricole, les fluctuations des cours mondiaux ne peuvent pas être supportées directement par les exploitations agricoles qui connaîtraient une alternance de périodes d'opulence et de misère.

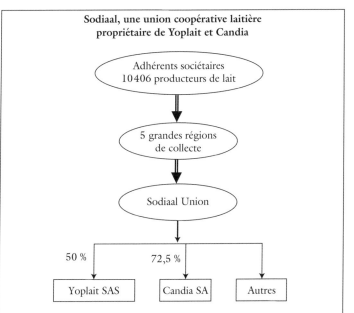

Sodiaal, une union coopérative laitière propriétaire de Yoplait et Candia

Sodiaal est administré par un conseil d'administration composé de 23 membres, producteurs de lait, issus des 5 régions de collecte du lait. C'est le président de la région Sud-Est qui est depuis 1995 le président du conseil d'administration.

Les 10 406 producteurs de Sodiaal sont répartis sur 59 départements français. Ils sont réunis en 20 sections, qui sont rassemblées en 5 grandes régions de collecte (Nord, Centre-Est, Sud-Est, Auvergne Sud-Ouest, Ouest).

Sodiaal Union regroupe 700 collaborateurs qui ont pour mission : la collecte du lait, l'approvisionnement des usines, le conseil, l'aide technique et l'agrofourniture, le service froid à la ferme, la formation et information des agriculteurs, la gestion des quotas laitiers et la paie du lait.

Yoplait SAS est détenue à 50 % par Sodiaal et à 50 % par PAI (Paribas Affaires Industrielles). Yoplait est le numéro deux mondial des produits ultra-frais. Le groupe est implanté dans près de cinquante pays. En 2006, 1,5 million de tonnes ont été vendues à la marque Yoplait dans le monde, dont 381 000 tonnes en France. Le chiffre d'affaires s'est élevé à 933 millions d'euros.

> ☞
>
> Candia est la première marque du lait de consommation en France. En 2006, Candia a commercialisé 1,46 milliard de litres de lait. Son chiffre d'affaires s'élève à 928 millions d'euros dont 16 % à l'exportation.
>
> La logique de création de ces deux filiales était la recherche de débouchés pour le lait des producteurs. L'évolution économique et la concurrence ont conduit la coopérative à adosser une de ses filiales (Yoplait) à une banque d'investissement (PAI). Il s'agit d'une solution différente de celle d'une mise en Bourse. Néanmoins, du point de vue des coopérateurs, cela correspond à un transfert de propriété du monde coopératif vers le monde capitaliste. La situation financière de Yoplait explique sans doute cette évolution, puisqu'au 30 juin 2005 ses capitaux propres étaient négatifs à hauteur de 32 millions d'euros et son résultat net était déficitaire de 3 millions d'euros.
>
> Le modèle de développement de Yoplait pose néanmoins de nombreuses questions sur le respect des principes coopératifs. Yoplait s'est développé sur les autres continents par le biais de franchises. Yoplait perçoit des redevances pour l'usage de sa marque par des entreprises qu'elle agrée pour des zones géographiques limitées. Ainsi, les États-Unis représentent un volume de vente proche de celui réalisé en Europe. Mais les produits Yoplait aux États-Unis n'ont plus de liens avec les coopérateurs en France, puisque c'est l'entreprise General Mills qui détient la franchise de la production pour les États-Unis. General Mills est une entreprise agroalimentaire cotée dont les valeurs ne reposent pas sur les principes coopératifs.
>
> Alors qu'à l'origine, Yoplait a été créé pour offrir des débouchés aux coopérateurs producteurs de lait, cette entreprise, au statut de société de capitaux, a complètement échappé au contrôle des adhérents et est devenue une entreprise commerciale classique.

Le cas Yoplait pose clairement le problème de la frontière entre le monde coopératif et le monde capitaliste. Les modalités de contrôle des coopératives, qui reposent sur le pouvoir démocratique, sont sans doute inadaptées au contrôle des sociétés de capitaux. En effet, alors que les adhérents ne peuvent pas tirer directement profit de l'enrichissement de leur coopérative, ce n'est pas le cas des actionnaires, et le mélange des deux conduit nécessairement à des situations de prise de pouvoir par quelques adhérents appuyés par la technostructure[1] en place.

---

1. Le mot technostructure peut être repris à Galbraith (1973) et il caractérise cette situation où le contrôle de l'organisation n'est plus conféré aux actionnaires ou aux adhérents mais où il est détenu par les dirigeants de l'organisation.

3. Par rapport aux associations

Les coopératives ont pour objet de contribuer à l'activité économique de leurs adhérents. En comparaison, les associations ont un horizon indéfini mais qui ne couvre théoriquement pas la réalisation d'activités lucratives. Cependant, de nombreuses associations interviennent dans le domaine économique. Cette intervention économique ne peut pas être orientée vers l'enrichissement des membres de l'association mais elle peut contribuer à la réalisation des objectifs de l'association. Le cas le plus simple et le plus fréquent est celui de l'association qui organise des ventes de gâteaux, de sapins de Noël, de calendriers ou de cartes de vœux pour financer des activités liées à son objet : sorties scolaires ou extrascolaires, financement de travaux d'intérêt collectif, etc.

Ces activités économiques restent marginales et se situent le plus souvent en marge du cadre commercial classique. Dans certains cas, l'administration fiscale peut requalifier ces opérations et les imposer à la TVA ou à l'impôt sur les bénéfices.

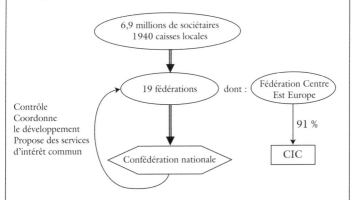

Le Crédit Mutuel : 6,9 millions de sociétaires et une confédération nationale ayant le statut d'association

Selon le classement de l'ICA, le Crédit Mutuel est la 13e coopérative dans le monde par le chiffre d'affaires. Son organigramme se présente ainsi :

Les apports en fonds propres sont réalisés sous forme de parts sociales et rémunérés à un taux fixé par l'assemblée générale des sociétaires. Les réserves ne sont pas distribuables et servent de fondement à la fois à la responsabilité solidaire

☞

des associés, à la sécurité des épargnants et au financement d'un développement pérenne. Fin 2006, les sociétaires détenaient 6,4 milliards d'euros de parts sociales.

Les 6,9 millions de sociétaires exercent leur contrôle sur la gestion de leur Caisse locale. Ils élisent 24 000 administrateurs bénévoles élus, présents aux trois niveaux du Crédit Mutuel – local, régional et national. Les administrateurs assument la responsabilité et le contrôle du groupe. Ils représentent les sociétaires.

La Confédération, organe central du groupe, agrée les dirigeants des fédérations et les responsables régionaux de l'Inspection, prend toutes mesures nécessaires au bon fonctionnement du groupe, assure la responsabilité du contrôle et la cohérence du développement. Des commissions de contrôle confédérales et fédérales examinent les rapports des Inspections et rendent compte directement aux conseils d'administration.

Le Conseil d'administration de la Confédération nationale est composé de représentants de toutes les fédérations, élus par l'assemblée générale confédérale. Le président et le vice-président délégué sont également élus directement pour cinq ans par l'assemblée générale confédérale (rapport annuel 2006 du Crédit Mutuel).

Globalement, en 2006, le groupe Crédit Mutuel réalise un PNB (produit net bancaire) de 10,8 milliards et un résultat net de 3 milliards pour des capitaux propres de 24 milliards. Au sein du groupe Crédit Mutuel, le CIC a un PNB de 4,3 milliards et un résultat net de 1,3 milliard (pour la part du groupe) pour des capitaux propres de 7,8 milliards.

Cette structure pose de nombreux problèmes :

• Selon le rapport annuel 2006 du Crédit Mutuel (p. 16), les sociétaires ont perçu 173 millions d'euros au titre de la rémunération des parts sociales, soit « près du quart du résultat net du "noyau coopératif" qui comprend les Caisses locales et les Caisses fédérales ». Or, le résultat net consolidé du groupe s'élève à 3 milliards d'euros, ce qui pose de sérieux problèmes de définition du périmètre. Les sociétaires ne touchent donc en réalité que 5,8 % du résultat net consolidé du groupe Crédit Mutuel.

• Le groupe CIC n'est pas détenu par le groupe Crédit Mutuel mais par une seule de ses fédérations, la principale, le Crédit Mutuel Centre Est Europe dont le président est également président de la Confédération nationale et président du conseil de surveillance du CIC. De même, le directeur général du Crédit Mutuel Centre Est Europe est également directeur général de la Confédération nationale et président du directoire du groupe CIC (rapport annuel 2006 du CIC).

• Le président (66 ans) est président de 7 conseils d'administration et de 3 conseils de surveillance ; il est administrateur de 3 sociétés et membre du

☞

☞
conseil de surveillance de 3 autres ; il est représentant permanent au conseil d'administration ou au conseil de surveillance de 9 sociétés ; il est membre du comité de direction d'une société. Ce cumul des fonctions est contraire aux principes de contrôle par les adhérents.

• Le directeur général (68 ans) est président de 5 conseils d'administration, d'un GIE, d'un conseil de surveillance ; il est vice-président de 3 sociétés ; il est directeur général de 3 fédérations ou banques ; il est administrateur de 14 sociétés et membre du conseil de surveillance de 6 autres ; il est membre du comité de direction de 3 autres sociétés. Ce cumul des fonctions se retrouve chez la plupart des dirigeants du Crédit Mutuel.

• Le directeur général a perçu une rémunération totale de 965 562 € en 2006 répartie à 55 % au titre de ses fonctions au Crédit Mutuel et à 45 % au titre de ses fonctions au CIC (rapport annuel CIC 2006, p. 44), en hausse de 12,6 % par rapport à 2005. Les indemnités versées au président du conseil de surveillance ne sont pas mentionnées. Théoriquement, les fonctions d'administrateur sont bénévoles et le rapport du CIC indique qu'aucun jeton de présence n'a été versé en 2006 aux membres du conseil de surveillance. Aucune information n'est donnée sur les rémunérations ou indemnités perçues par le président[1].

Les structures associatives peuvent aussi être utilisées pour réaliser des opérations purement économiques. C'est le cas de la structure de tête du groupe Crédit Mutuel, la Confédération nationale, qui a la nature juridique d'une association alors que ses activités sont ordonnées vers le contrôle, la coordination du développement et la fourniture de services d'intérêts communs aux fédérations. Cette utilisation des structures associatives soulève de nombreux problèmes de gouvernance et de contrôle. En effet, dans les associations, il n'existe pas de parties prenantes ayant un intérêt économique aux résultats des transactions réalisées par l'association. Contrairement aux adhérents d'une coopérative, les adhérents d'une association n'ont aucun droit sur le surplus annuel généré par l'activité. Les modalités d'adhésion à une association font l'objet des statuts et ces derniers peuvent prévoir une adhésion très limitée (c'est sans doute le cas de la Confédération

---
1. Ce qui soulève de sérieux problèmes, y compris d'éthique. Soit le président perçoit des rémunérations, mais celles-ci sont logées dans des structures échappant au contrôle des adhérents et toutes les dérives sont alors possibles. Soit le président est alors entièrement bénévole mais alors de quoi vit-il compte tenu du travail à plein temps que représente son implication dans le groupe Crédit Mutuel.

nationale où l'on peut penser que seules les fédérations sont membres de l'association). Les modalités de diffusion de l'information sont également très restreintes et les états financiers ont souvent une diffusion extrêmement réduite. La rémunération des dirigeants est également souvent très opaque.

Le problème économique que pose l'utilisation de structures associatives dans le cadre de l'économie sociale et solidaire est donc celui du dévoiement de la structure au profit de quelques personnes ayant réussi à obtenir son contrôle. Il n'existe plus alors ni de processus clair de reddition des comptes ni de contre-pouvoir.

Chapitre 6

Des exigences de gouvernance renforcées

Les principes coopératifs supposent des organes de gouvernance très efficaces pour pouvoir être réellement mis en œuvre. Certes, tous les groupes coopératifs affichent ces principes, mais la réalité de leur application est souvent très éloignée des déclarations d'intention dès lors que la coopérative atteint une taille organisationnelle significative et que son contrôle est exercé non plus par les adhérents mais par la technostructure.

I. DES PRINCIPES ORGANISATIONNELS FORTS

Selon la déclaration sur l'identité coopérative adoptée par l'assemblée générale de l'Alliance coopérative internationale (ICA) en 1995, les principes coopératifs sont les suivants :

– *Adhésion volontaire et ouverte à tous.*

Les coopératives sont des organisations fondées sur le volontariat et ouvertes à toutes les personnes aptes à utiliser leurs services et déterminées à prendre leurs responsabilités en tant que membres, et ce sans discrimination fondée sur le sexe, l'origine sociale, la race, l'allégeance politique ou la religion.

– *Pouvoir démocratique exercé par les membres.*

Les coopératives sont des organisations démocratiques dirigées par leurs membres qui participent activement à l'établissement des politiques et à la prise de décisions. Les hommes et les femmes élus comme représentants des membres sont responsables devant eux. Dans les coopératives de premier niveau, les membres ont des droits de vote égaux (en vertu de la règle – un membre, une voix) et les coopératives d'autres niveaux sont aussi organisées de manière démocratique.

– Participation économique des membres.

Les membres contribuent de manière équitable au capital de leurs coopératives et en ont démocratiquement le contrôle. Une partie au moins de ce capital est habituellement la propriété commune de la coopérative.

Les membres ne bénéficient habituellement que d'une rémunération limitée du capital souscrit comme condition de leur adhésion. Les membres affectent les excédents à tout ou partie des objectifs suivants : le développement de leur coopérative, éventuellement par la dotation de réserves dont une partie au moins est impartageable, des ristournes aux membres en proportion de leurs transactions avec la coopérative et le soutien d'autres activités approuvées par les membres.

– Autonomie et indépendance.

Les coopératives sont des organisations autonomes d'entraide, gérées par leurs membres. La conclusion d'accords avec d'autres organisations, y compris des gouvernements, ou la recherche de fonds à partir de sources extérieures, doit se faire dans des conditions qui préservent le pouvoir démocratique des membres et maintiennent l'indépendance de leur coopérative.

– Éducation, formation et information.

Les coopératives fournissent à leurs membres, leurs dirigeants élus, leurs gestionnaires et leurs employés l'éducation et la formation requises pour pouvoir contribuer effectivement au développement de leur coopérative. Elles informent le grand public, en particulier les jeunes et les leaders d'opinion, sur la nature et les avantages de la coopération.

– Coopération entre les coopératives.

Pour apporter un meilleur service à leurs membres et renforcer le mouvement coopératif, les coopératives œuvrent ensemble au sein de structures locales, nationales, régionales et internationales.

– Engagement envers la communauté.

Les coopératives contribuent au développement durable de leur communauté dans le cadre d'orientations approuvées par leurs membres.

> ### Le rapport Guillaume de 2004
>
> En octobre 2004, François Guillaume ancien ministre a rendu un rapport au premier ministre qui était intitulé : « Coopération agricole, les sept chantiers de la réforme ». Après une analyse de la situation de la coopération, de ses enjeux et des évolutions auxquelles elle est confrontée, le rapport fait des propositions dans sept domaines :
>
> - Créer une haute autorité de la coopération qui exercerait un rôle de contrôle et de conseil stratégique pour l'organisation des filières coopératives. Ceci reviendrait en partie à transposer les exigences nées de la loi Sarbanes Oxley sur la création d'un organisme indépendant de contrôle des auditeurs ou sur l'évolution des autorités de marché pour le contrôle des sociétés cotées.
>
> - Modifier certains aspects réglementaires tels que le plafond des transactions réalisées par les coopératives avec des non-adhérents, le principe de territorialité ou l'obligation d'apport total pour les adhérents.
>
> - Envisager la revalorisation des parts sociales et le remboursement systématique aux adhérents cessant leur activité.
>
> - Revoir le statut des administrateurs et du président du conseil d'administration.
>
> - Renforcer l'information des adhérents notamment sur les conventions entre les dirigeants et les coopératives ou leurs filiales.
>
> - Favoriser une meilleure gestion des fonds propres de la coopérative au bénéfice des adhérents, notamment de ceux cessant leur activité.
>
> - Permettre aux coopératives une plus grande souplesse juridique qui réduise le recours croissant à des sociétés filiales et éviter la confusion de plus en plus grande entre coopératives et sociétés de capitaux.

1. Un pouvoir démocratique

Dans les coopératives, le pouvoir ne tient pas au montant du capital détenu mais au nombre de votants. La règle de base est ainsi que chaque adhérent a un droit de vote quel que soit le nombre de parts sociales qu'il détient ou quel que soit le volume d'activité qu'il réalise avec la coopérative[1]. Il s'agit évidemment d'une différence fondamentale

---

1. Néanmoins, les statuts de la coopérative peuvent prévoir une certaine pondération de ce principe, en fonction du volume ou de la nature des transactions réalisées entre chaque adhérent et la coopérative (sans qu'un même associé puisse détenir plus de 5 % des voix). Dans les unions de coopératives, le seuil maximal de détention est porté à 40 % dès qu'il existe plus de deux associés.

avec les sociétés par actions où chaque actionnaire est représenté selon la participation qu'il détient.

Ce principe démocratique est à la base de la spécificité du rapport que la coopérative entretient avec ses adhérents et avec la société civile en général. À travers ses avantages et ses inconvénients, ce principe explique un certain nombre de caractéristiques des coopératives. Dans un environnement concurrentiel, il est tout à la fois un handicap et un avantage.

Il s'agit d'un handicap car la prise de décision démocratique est souvent un processus plus complexe que la prise de décision capitalistique. Dans une société de capitaux, il suffit de convaincre les principaux actionnaires pour obtenir une adhésion aux projets présentés. Dans une coopérative, il faut convaincre une majorité d'adhérents. Dans les sociétés cotées qui comptent parfois plusieurs centaines de milliers d'actionnaires, il suffit généralement de convaincre les cinq, ou même les cent plus gros actionnaires, pour obtenir la majorité des votes. Les dirigeants peuvent donc se focaliser sur ces actionnaires significatifs pour obtenir l'adhésion dont ils ont besoin.

Mais, il s'agit également d'un avantage, ou d'une opportunité, car le pouvoir démocratique donne une légitimité sociale dont ne bénéficie pas le pouvoir capitalistique. Par nature les coopératives sont ouvertes aux parties prenantes, alors que les sociétés de capitaux ont naturellement tendance à adopter une vision réductrice de la société. Reconnaître l'égalité de voix à chaque adhérent permet à chacun de se sentir partie prenante à égalité. Cela favorise donc une certaine adhésion personnelle à la coopérative et aux valeurs qu'elle défend.

La question essentielle, qui se pose aux coopératives, est la réalité de cette exigence démocratique. Si, à sa création, chaque coopérative est naturellement attentive à ses adhérents, le développement entraîne de nombreuses mutations qui viennent atténuer le respect de cette exigence. La première évolution est l'augmentation du nombre d'adhérents et l'extension géographique. Non seulement cela se traduit par une distanciation des relations entre adhérents et administrateurs mais, dans certains cas, le processus démocratique lui-même devient impossible à organiser au sein d'une même assemblée. Une coopérative qui se crée dans une commune ou un canton peut rassembler une vingtaine d'adhérents à ses débuts. Quand cette coopérative se développe pour atteindre les limites d'une région, les relations personnelles se sont déjà distendues. Si la coopérative se développe ensuite sur plusieurs régions, il devient impossible de réunir en un même lieu tous les adhérents.

L'étendue géographique des coopératives est donc un enjeu de gouvernance. Si une coopérative est géographiquement très localisée, par exemple une coopérative viticole liée à un terroir bien déterminé, l'aspect géographique se révèle plutôt une opportunité dans la mesure où tous les adhérents pourront aisément se retrouver. Si, par contre, la coopérative s'étend sur plusieurs régions, la distance géographique peut se révéler un frein à la participation des adhérents.

La seconde évolution est l'insertion dans un environnement incertain et concurrentiel. Le processus démocratique est souvent un processus long et lourd, peu adapté à la prise de décisions rapides et complexes[1]. La coopérative a naturellement tendance à rechercher des structures organisationnelles complémentaires lui permettant d'obtenir cette réactivité et cette souplesse.

2. Une participation économique

Les coopératives sont des entités économiques. Le lien qui unit les adhérents est une participation économique commune. La coopérative contribue à la réalisation des activités économiques de ses adhérents. Mais la coopérative n'est pas un simple fournisseur de biens ou services, ou même un client assurant des débouchés pour ses coopérateurs. Les profits réalisés par la coopérative sur les transactions générées par les adhérents reviennent, en majeure partie, aux adhérents eux-mêmes. La coopérative ne poursuit donc pas la réalisation de transactions économiques pour elle-même, mais elle le fait toujours pour le compte de ses adhérents.

Les adhérents disposent donc d'une double légitimité vis-à-vis de la coopérative. Ils ont un pouvoir de désignation des administrateurs sur une base démocratique et ils ont un pouvoir économique sur les profits réalisés sur la base des transactions effectuées par chacun d'entre eux. Alors que le pouvoir de décisions est lié à la personne, le pouvoir économique est lié au volume des transactions.

---

1. Le rejet par référendum du projet de constitution européenne est un bon exemple de la complexité à organiser une consultation démocratique sur un sujet où la richesse d'un document devient davantage un handicap qu'un atout.

Il existe une dichotomie très forte entre ces deux sources de pouvoir. Les sociétés par actions ne connaissent pas cette dichotomie puisque les acteurs sont distincts. Les fournisseurs ou les clients ne sont pas actionnaires ou, s'ils le sont, les modes de relation sont clairement distingués et ne peuvent pas être confondus. Dans les coopératives, cette dichotomie est tout à la fois un handicap et un avantage.

Il s'agit d'un handicap, car cette pluralité des fonctions entraîne nécessairement une certaine confusion. Il est évident qu'une coopérative ne peut pas ignorer les adhérents qui représentent son chiffre d'affaires principal alors même qu'ils ne disposent que d'une seule voix chacun. Il existe nécessairement des risques d'abus de majorité. Mais il s'agit aussi d'un avantage car cette pluralité des fonctions des adhérents est créatrice de liens et donne à la coopérative une capacité à mieux appréhender certaines situations complexes liées, par exemple, à des situations où des acteurs sont exclus du marché.

Naturellement, toute organisation a tendance à privilégier les acteurs avec lesquels elle entretient les flux de transaction les plus importants. En effet, ces derniers sont disposés à investir plus de temps dans leur relation contractuelle avec la coopérative (voire même à en devenir administrateur), et il existe des économies d'échelle, ou de coûts de transaction, liées à la possibilité de définir, de façon formelle ou informelle, un cadre particulier pour la réalisation des transactions. Ainsi, dans le domaine forestier, il est beaucoup plus aisé pour une coopérative de travailler (pour des forêts présentant des caractéristiques similaires) avec un propriétaire de cent hectares qu'avec vingt propriétaires de cinq hectares. La prise de rendez-vous, l'accord sur les conditions d'exploitation, le suivi comptable, etc., seront grandement facilités quand la coopérative n'est confrontée qu'à un seul interlocuteur au lieu d'en avoir vingt.

Or, la règle de base de représentation démocratique incite la coopérative, et en particulier ses administrateurs qui souhaitent se voir élire ou réélire, à tenir compte de chaque adhérent, indépendamment du volume de transactions réalisées. Du point de vue de la performance économique, il s'agit d'un handicap. Mais, du point de vue de l'insertion dans la société, la coopérative fournit une sorte de lien naturel entre le domaine politique, où chaque citoyen a la même égalité devant la loi, et le domaine économique qui est le lieu privilégié de l'inégalité tant dans l'accès aux ressources que dans la prise de décision.

C'est dans l'équilibre à rechercher, entre une certaine efficience économique qui vise à favoriser les économies d'échelle et de coûts de transaction, et une certaine démocratie, que les coopératives peuvent le plus naturellement justifier leur raison d'être et leur apport irremplaçable à la société.

Pour les coopératives forestières, le morcellement de la propriété constitue un enjeu national. En effet, si un propriétaire forestier de 100 hectares va se préoccuper de la sylviculture et cherchera à produire un bois de qualité, ce qui contribuera au maintien de l'activité économique, et à la satisfaction des besoins liés au secteur du bois (ameublement et bâtiment notamment) ; la motivation des vingt propriétaires de cinq hectares est souvent beaucoup plus faible et, compte tenu de la faible rentabilité du secteur forestier, ils ne réaliseront pas de suivi sylvicole très poussé. Au niveau macroéconomique, cela se traduit par une proportion significative de forêts peu ou pas gérés où les arbres de futaie exploitables se développent peu.

L'implication des régions forestières, soucieuses de développer leur activité économique, se traduit par la mise en place d'une politique d'aide à la sylviculture orientée vers les petites propriétés forestières. Les coopératives constituent l'instrument naturel de mise en place d'une telle politique. Si le frein économique est en partie levé par une prise en charge, au niveau collectif, des coûts d'intervention dans la petite propriété, alors les coopératives peuvent donner libre cours à leur orientation naturelle vers les adhérents.

3. Une solidarité

La solidarité s'exerce à travers une double dimension. La première est celle qui lie les adhérents entre eux. L'exigence démocratique n'est pas seulement un mode d'exercice du pouvoir, elle a également une incidence forte sur les coopérateurs puisqu'elle conduit à reconnaître que chacun d'eux a un droit équivalent à s'exprimer. Or la solidarité naît de la reconnaissance des droits fondamentaux de chacun. Il n'y a de solidarité que quand on reconnaît que chaque personne est non seulement également respectable mais, qu'en plus, elle a un droit de décisions qui est équivalent à celui de chacun d'entre nous. En ce sens, il n'existe pas de solidarité similaire entre les actionnaires d'une société de capitaux, car chaque actionnaire n'a de représentation qu'à travers le nombre d'actions qu'il détient.

La seconde dimension de la solidarité est celle qui unit la coopérative à la communauté qui l'environne. Cette dimension est moins automatique et surtout moins directe. C'est parce qu'il existe une solidarité entre les adhérents que cette solidarité peut s'étendre à une communauté plus large. Il s'agit donc d'une solidarité de deuxième niveau qui n'est pas toujours évidente à appliquer. En effet, les adhérents peuvent privilégier leur propre solidarité en se fermant aux parties prenantes extérieures. Comme dans toute société ce risque existe mais, à terme, il conduit nécessairement à la destruction de la solidarité entre les adhérents car la solidarité est un principe actif qui ne peut que se développer ou régresser.

II. L'IMPLICATION DES ADHÉRENTS

Les conséquences du principe démocratique sont rarement pleinement appréhendées. Dans une communauté où les individus se connaissent, le pouvoir démocratique repose sur la confrontation des idées mais également sur les personnalités en présence. Dès que cette communauté se développe, les relations personnelles se distendent. Dans les États démocratiques, la pluralité des partis est généralement garante de la démocratie. Dans une coopérative, cette question de la pluralité n'est pas forcément évidente.

1. Les modalités d'adhésion aux coopératives et les décisions d'assemblées générales

Une coopérative peut comprendre deux catégories d'associés : les associés coopérateurs et les associés non coopérateurs.

Les associés coopérateurs sont les associés « normaux » de la coopérative. S'agissant de coopératives agricoles ou forestières, ils doivent exercer une activité agricole ou forestière. Il peut s'agir de personnes physiques, mais aussi de personnes morales (groupement agricole d'exploitation en commun, associations ou syndicats professionnels, autres coopératives ou unions de coopératives, et même des sociétés industrielles ou commerciales[1]). Les associés coopérateurs sont tenus d'utiliser les services de la coopérative et ils doivent prendre un engagement qui en fixe la nature, la durée et les modalités (selon ce que les statuts de chaque coopérative imposent).

---

1. Sous réserve de ne pas détenir plus de 20 % des voix à l'assemblée générale.

Les associés non coopérateurs sont les associés qui contribuent au capital de la coopérative, mais sans exercer d'activité économique avec elle. Il peut s'agir d'anciens associés coopérateurs, de salariés de la coopérative, d'associations ou de syndicats professionnels, d'établissements de crédits, etc. La fraction du capital qu'ils détiennent doit rester inférieure à 50 %, et ils ne peuvent détenir ensemble plus de 20 % des voix en assemblée générale.

Le capital social de la coopérative dépend de l'adhésion ou du départ des associés, tant coopérateurs que non coopérateurs. Il est donc variable par nature en fonction des souscriptions de parts (lors de l'adhésion d'un nouvel associé ou de l'extension d'engagement d'un associé déjà existant) ou des annulations de parts (lors du remboursement des parts aux associés sortants ou décédés). Cette variabilité du capital a pour contrepartie la responsabilité de chaque coopérateur dans le passif de la coopérative (à hauteur de deux fois le montant de ses parts).

Le conseil d'administration de la coopérative doit réunir au moins une fois par an tous ses associés. Le quorum sur première convocation est d'un tiers. Il est supprimé sur deuxième convocation. L'assemblée générale ordinaire délibère à la majorité des suffrages exprimés. Elle doit notamment approuver les états financiers annuels de la coopérative.

Pour modifier ses statuts, le conseil d'administration de la coopérative doit réunir une assemblée générale extraordinaire dont le quorum est porté à 50 % des associés sur première convocation[1]. Cette assemblée délibère à la majorité des deux tiers des suffrages exprimés.

2. La distanciation des liens

La démocratie n'entraîne pas nécessairement la participation active des adhérents (ou des citoyens) à l'exercice de leur droit de vote, et ceci est particulièrement vrai quand les personnes ne se connaissent plus. De surcroît, la tenue physique d'une seule assemblée générale pose des problèmes insolubles d'organisation pour les grandes coopératives. Deux solutions sont alors envisageables.

La première consiste à privilégier le vote par correspondance. Toutes les sociétés de capitaux cotées y recourent ainsi que de nombreux

---

1. Mais sans condition de quorum sur deuxième convocation, c'est-à-dire si le quorum n'a pas été atteint lors de la première convocation.

organismes. Cette solution consiste à aligner le fonctionnement démocratique des coopératives sur celui des sociétés démocratiques. Mais elle présente deux inconvénients majeurs. Le premier porte sur la nature des votes à effectuer. Le vote par correspondance suppose que les résolutions soient simples à appréhender et qu'elles ne nécessitent pas des explications plus complexes que le lecteur des résolutions écrites a rarement le courage d'examiner en détail. Le second inconvénient porte sur la nature des relations qui existent au sein d'une assemblée générale. De nombreux votes sont consécutifs à la présentation par les dirigeants de la gestion passée et des résultats obtenus ainsi que de la stratégie mise en œuvre. Le vote par correspondance supprime cette interactivité entre les adhérents et les dirigeants. De surcroît l'assemblée générale est aussi l'occasion de faire remonter des attentes des adhérents. Ceux-ci disposent d'un temps de libre-parole où ils peuvent formuler leurs réclamations ou, au contraire, manifester leur approbation.

La seconde solution consiste à recourir à des assemblées de section. La coopérative découpe son territoire en différentes sections. Chaque adhérent est convoqué pour l'assemblée de la section où il exerce son activité. Ce sont les assemblées de sections qui élisent des adhérents chargés de les représenter lors de l'assemblée générale. Cette solution est adoptée par la plupart des grandes coopératives, car elle permet de conserver un lien local avec les adhérents tout en permettant la tenue d'une assemblée générale, avec un taux de participation très significatif puisque les délégués des assemblées locales s'engagent à participer à l'assemblée générale. Il s'agit d'une participation démocratique à deux tours, assez proche de celle retenue par les États-Unis à travers le système des grands électeurs pour l'élection présidentielle.

Les statuts de la coopérative peuvent prévoir le mode de représentation de ces assemblées de sections, par exemple un délégué pour dix adhérents présents ou représentés. Cette formule a de nombreux avantages, notamment pour prendre en compte la diversité des territoires couverts par la coopérative. En l'absence de telles assemblées de sections, il est vraisemblable qu'on assistera à une sur-représentation des adhérents du lieu où se tient l'assemblée générale. Cela peut avoir une incidence sur le choix des administrateurs et, ensuite, sur les décisions stratégiques de la coopérative, qui peut privilégier le développement d'une zone géographique au détriment des autres. En instaurant des assemblées de sections, la répartition des adhérents devrait être plus homogène sur l'ensemble du territoire couvert par la coopérative.

Le problème de participation des adhérents est alors reporté de l'assemblée générale vers les assemblées de section. En effet, si au niveau de l'assemblée générale les enjeux apparaissent nettement et le processus de désignation des délégués renforce leur pouvoir institutionnel (puisqu'ils ne représentent plus simplement leur propre voix), au niveau des assemblées de section les enjeux apparaissent nettement plus limités. La difficulté est alors de redonner de l'enjeu aux assemblées de section.

Le Crédit Agricole : 5,7 millions de sociétaires et une cotation en Bourse

Le classement des 300 plus grandes coopératives dans le monde par l'ICA (International Cooperative Alliance) place le Crédit Agricole à la 3e place par le chiffre d'affaires réalisé en 2005. Les deux premières coopératives sont situées au Japon. L'une est une fédération de coopératives, elle achète et distribue des matériels et des équipements agricoles pour 3 millions d'exploitations agricoles. L'autre est une fédération de mutuelles d'assurance également dans le domaine agricole. L'organigramme du groupe Crédit Agricole se présente ainsi :

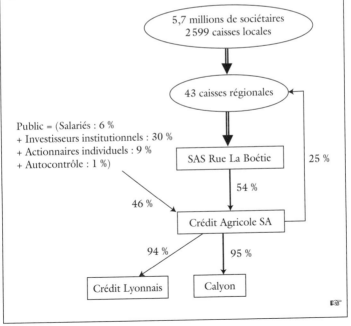

☞

La problématique forte que pose le Crédit Agricole est celle de la coexistence d'une structure coopérative (les caisses régionales) et d'une banque cotée en Bourse (Crédit Agricole SA). Selon l'article 3 de ses statuts (rapport annuel 2006, p. 296) :

« Crédit Agricole SA a pour mission de faciliter et de promouvoir l'activité et le développement des Caisses régionales de Crédit Agricole Mutuel et de l'ensemble du groupe Crédit Agricole. À cet effet : elle exerce la fonction de caisse centrale et assure l'unité financière du Groupe dans ses relations avec l'extérieur, dans le but d'optimiser la gestion financière des capitaux gérés et de procéder à la redistribution des ressources collectées. Elle reçoit et gère les excédents de dépôts et d'épargne des Caisses régionales ainsi que l'épargne collectée par celles-ci pour son compte. Elle consent des avances aux Caisses régionales pour faciliter le financement de leurs prêts à moyen et long terme. Elle s'assure que les risques de transformation sont couverts pour la société et ses filiales et les caisses régionales (…). »

Les ressources d'épargne sont donc collectées par les caisses régionales et transférées ensuite à Crédit Agricole SA. En contrepartie, elles financent les avances faites aux caisses régionales pour leur permettre d'assurer le financement de leurs prêts à moyen et long terme. (Rapport annuel 2006, p. 146).

L'analyse du produit net bancaire, du résultat avant impôt et du résultat net part du groupe pour les sept pôles d'activité du groupe donne les informations suivantes :

Crédit Agricole SA	PNB retraité	Résultat avant impôt	Résultat net part du groupe
Banque de proximité en France – Caisses régionales	12 076	4 401	759
Banque de proximité en France – LCL	3 652	1 006	679
Banque de détail à l'international	824	648	530
Services financiers spécialisés	2 637	775	463
Gestion d'actifs, assurances et banque privée	3 873	2 252	1 566
Banque de financement et d'investissement	5 456	2 300	1 656
Gestion pour compte propre et divers	− 255	− 917	− 733
Total	28 263	10 465	4 920
Éliminations	−12 076	− 3 553	0
Total consolidé	16 187	6 912	4 920

L'activité du Crédit Agricole est générée essentiellement par ses caisses régionales qui collectent les ressources d'épargne et octroient des prêts. Ces ressources qui sont transférées à Crédit Agricole SA permettent à cette dernière d'intervenir dans des montages financiers qui génèrent des marges beaucoup plus significatives.

☞

☞

> Le réseau mutualiste du Crédit Agricole permet de collecter des ressources (485 milliards d'euros à fin 2006, p. 76) qui sont utilisées en partie pour octroyer des prêts mais qui servent également à financer les activités de gestion d'actifs ou de banque de financement et d'investissement. L'essentiel des résultats réalisés n'est plus localisé au niveau des structures mutualistes mais au niveau de la structure cotée. De surcroît, une majeure partie des résultats du Crédit Agricole provient de la gestion des fonds propres qui résultent des résultats accumulés sur près d'un siècle par les adhérents. En effet, les obligations de couverture de risque imposent des ratios spécifiques pour chaque nature de risque. L'existence de fonds propres importants permet de se développer dans des métiers plus risqués mais aussi plus rémunérateurs.
>
> Le contrôle des caisses régionales sur Crédit Agricole SA s'exerce à travers la société SAS Rue La Boétie, détenue en totalité par les caisses régionales. D'autre part, Crédit Agricole SA détient directement 25 % du capital de chacune des caisses régionales. Cette détention s'effectue par l'intermédiaire de certificats coopératifs d'associés et de certificats coopératifs d'investissement, valeurs mobilières sans droit de vote, émises pour la durée de la société et qui confèrent à leur détenteur un droit sur l'actif net de la société en proportion du capital qu'ils représentent. Crédit Agricole SA détient une part sociale de chacune des caisses régionales, ce qui lui confère la qualité d'associé. Ces différents éléments permettent à Crédit Agricole SA, organe central du Crédit Agricole, de consolider les Caisses régionales selon la méthode de mise en équivalence (rapport annuel 2006, p. 147).
>
> Au 31 décembre 2006, le conseil d'administration de Crédit Agricole SA comprenait 20 administrateurs, dont un mandataire social de la SAS Rue La Boétie et douze mandataires sociaux des caisses régionales. Cette composition, qui attribue aux représentants de Caisses régionales de Crédit Agricole 62 % des postes d'administrateurs au sein du Conseil, résulte de la volonté de l'actionnaire majoritaire (la SAS Rue La Boétie) d'assurer une représentation significative aux caisses régionales, reflétant la structure décentralisée du groupe Crédit Agricole (rapport annuel 2006, p. 45).
>
> La distanciation des liens entre les sociétaires et les activités logées au sein du Crédit Agricole SA est donc réelle. La question de l'insertion du groupe Crédit Agricole dans le monde coopératif se pose de façon pertinente.

Si un tel effort n'est pas effectué, seuls se présenteront à l'assemblée de section les adhérents désireux d'être eux-mêmes présents à l'assemblée générale. Le principe démocratique s'effacera alors au profit d'autres principes tels que ceux de l'implication économique ou du temps disponible.

3. L'équilibre économique et démocratique

Les assemblées générales et les assemblées de section sont consommatrices de temps et d'énergie. Seuls les adhérents les plus motivés assumeront l'effort de se rendre à ces assemblées.

En règle générale, les adhérents ayant des intérêts économiques importants liés à la coopérative seront présents. Ils seront également plus facilement enclins à assumer des responsabilités et à être délégués aux assemblées générales. Il s'agit donc d'un mécanisme naturel qui contrebalance l'égalité démocratique des adhérents.

Ceci souligne l'instabilité fondamentale des coopératives qui arbitrent en permanence entre les exigences démocratiques, où chacun a le même droit de vote, et les exigences économiques où il est nécessaire, pour le développement et l'équilibre économique de la coopérative, d'être attentif aux acteurs qui génèrent la majorité des transactions de la coopérative.

Une coopérative qui ne cherchera pas à développer ou à maintenir un taux de participation significatif à ses assemblées de section perdra sa légitimité démocratique. Mais, en revanche, une coopérative qui n'accorderait pas à ses coopérateurs les plus importants économiquement une attention privilégiée, sera freinée dans son développement. Les enjeux de gouvernance sont dans cet équilibre instable.

4. Les problèmes d'incitation et de contrôle

Deux écueils principaux existent pour les coopératives. Le premier est la prise de contrôle par des adhérents n'ayant que peu d'enjeux économiques avec la coopérative. Le second est la prise de contrôle par les adhérents ayant les principaux enjeux économiques.

La première situation est celle où les enjeux économiques étant très dispersés, aucun acteur n'a réellement de motivation forte à consacrer du temps et de l'énergie à une tâche d'intérêt général. Cette situation est assez fréquente dans les mutuelles bancaires ou d'assurance telles que le Crédit Agricole, les Caisses d'Épargne, le Crédit Mutuel, les Banques Populaires, Groupama, etc. Chaque déposant ou emprunteur devient généralement adhérent de la mutuelle et souscrit à quelques parts sociales qui lui donne le droit d'être présent et de voter à l'assemblée de section. Mais, en même temps, les fonctions de délégué n'étant pas rétribuées, l'incitation économique à s'impliquer dans le contrôle de la mutuelle est souvent très réduite pour chaque acteur.

Une catégorie d'adhérents émerge alors que l'on pourrait qualifier d'adhérents professionnels dans la mesure où leur implication n'est pas liée aux transactions économiques qu'ils réalisent mais aux possibilités de carrière qui s'ouvrent à eux. Ces adhérents qui acceptent d'assumer les fonctions de délégués trouvent leur incitation dans la possibilité d'accéder aux fonctions d'administration et de présidence des caisses locales, régionales ou nationales. Leur motivation n'est pas dérivée de la préservation de leurs intérêts économiques actuels mais de la promotion des intérêts liés à leur carrière dans l'organisation.

Ce cas de figure transforme les coopératives en organisations orientées non plus vers la satisfaction des besoins de leurs adhérents, mais vers le développement en lui-même, dans la mesure où ce développement ouvre des perspectives de carrière supplémentaires pour les adhérents qui se sont investis dans le fonctionnement de l'organisation. Cette situation n'a pas que des inconvénients. En effet, ces adhérents seront particulièrement attentifs à saisir les opportunités de développement de la coopérative, même si ces dernières ne présentent pas d'intérêt majeur pour les adhérents en place. Ainsi, la conquête de nouveaux marchés ou de nouveaux adhérents n'est pas nécessairement un avantage pour les adhérents actuels mais, du point de vue de l'économie et de la société, cette recherche de la croissance peut être un facteur positif.

De surcroît, cette évolution conduit généralement les coopératives concernées à développer le recours à des formes organisationnelles complémentaires, telles que la mise en place de filiales sous forme de sociétés de capitaux afin de s'ouvrir de nouveaux marchés et de créer de nouveaux relais de croissance. In fine, ces coopératives perdent progressivement la spécificité de leur statut. Ainsi, en France, il est difficile de considérer que le Crédit Agricole ou le Crédit Mutuel soient restés réellement fidèles aux principes coopératifs qui les gouvernaient à l'origine. Le Crédit Agricole avec la mise en bourse d'une partie de son capital est sans doute l'exemple le plus fort de cette évolution et de cette perte de toute dimension coopérative.

La seconde situation extrême est celle de la prise de contrôle par les adhérents ayant les enjeux économiques les plus importants. Dans une telle situation, la coopérative perd en grande partie sa dimension de solidarité et devient un instrument comme un autre de gestion commune des transactions. On retrouve cette évolution le plus souvent au niveau des unions de coopératives où la représentation n'est plus faite en fonction du nombre d'adhérents mais en fonction des intérêts économiques en jeux.

III. LES FONCTIONS DE PRÉSIDENCE ET DE DIRECTION

Les deux fonctions essentielles d'une organisation, celle de direction et celle de présidence, sont dissociées dans le cas des coopératives. Non seulement les fonctions sont différentes mais le statut des personnes est en lui-même opposé. Le directeur est un salarié, le président est un adhérent. La distinction est beaucoup plus nette que dans les sociétés commerciales où la fonction de président n'est pas nécessairement liée à la détention du capital. Dans les sociétés françaises, la dissociation des fonctions apparaît souvent comme un mode de transmission du pouvoir, où l'ancien PDG devient président et cède la fonction de direction à un directeur général sous contrôle. Il n'en est pas ainsi dans les coopératives où les deux fonctions apparaissent naturellement dissociées et incompatibles.

1. La dissociation des fonctions de présidence et de direction

Dans les coopératives, la fonction de direction est dissociée de la fonction de président du conseil d'administration. Il existe donc trois niveaux potentiels majeurs d'asymétrie de l'information. Le premier est entre le directeur et le président, le second entre le président et son conseil d'administration et le troisième entre le conseil d'administration et les adhérents.

L'asymétrie d'information est la situation où, entre deux personnes (ou deux parties), l'une détient de l'information que l'autre ne détient pas. Sur un marché, cette information peut être échangée (vendue), on parle alors d'une prestation de service : c'est le cas par exemple d'un expert qui fournit une consultation. À l'intérieur d'une organisation, les transferts d'information sont, le plus souvent, supposés être gratuits et obligatoires entre les membres de l'organisation. Néanmoins, il est aisé d'identifier, dans chaque organisation, des phénomènes de rétention de l'information[1], où chaque acteur ou employé tend à minimiser

---

1. *Cf.* Crozier M. et Friedberg E. (1977), *L'acteur et le système*, Éditions du Seuil.

l'information transmise pour se conserver un pouvoir de négociation et des marges de manœuvre.

Dans le cas qui nous intéresse, l'asymétrie d'information se produit dans le cadre d'une relation d'agence entre un principal (qui donne les instructions ou fixe les objectifs) et un agent (qui les réalise). Mais l'agent qui réalise les transactions bénéficie d'une information privilégiée à laquelle le principal n'a pas nécessairement accès. Le problème soulevé par l'asymétrie d'information est celui du contrôle de l'agent par le principal. Si le principal n'a pas un accès direct à l'information, comment peut-il s'assurer que les décisions prises et les actions réalisées par l'agent correspondent bien aux objectifs qui avaient été fixés, L'agent n'est-il pas en train de poursuivre ses propres objectifs ? Ainsi, dans le cas d'une divergence d'opinion entre le président et son conseil d'administration, le président peut donner l'apparence de se ranger à la décision de la majorité tout en poursuivant, en réalité, la stratégie qu'il estime la plus pertinente. Si l'asymétrie d'information est suffisamment forte, le conseil d'administration peut tarder à s'en rendre compte, voire même mettre la divergence de résultat sur le compte de l'environnement et non sur celui de son président.

Les outils d'incitation ont généralement pour objectif de réduire les risques de divergence d'intérêt entre les acteurs en cas d'asymétrie d'information. Ces outils sont-ils néanmoins adaptés au cas des coopératives ?

Le dirigeant est un salarié qui ne peut pas percevoir un intéressement sur les capitaux de la coopérative. Autrement dit, ses incitations ne peuvent pas être liées à la valorisation à long terme de la coopérative. Il peut percevoir des primes liées à la performance annuelle, voire même pluriannuelle si le conseil d'administration en décide ainsi mais, dans tous les cas, son horizon sera fini et limité à l'année en cours ou aux années en cours. Cette situation est parfaitement cohérente avec celle des adhérents qui, comme nous l'avons déjà souligné, peuvent bénéficier de ristournes relatives à l'excédent financier réalisé sur l'exercice, mais ne peuvent pas prétendre bénéficier, sous forme de capital, de l'accroissement de la valorisation de leur coopérative dans le temps.

Dans le cas d'une coopérative, l'incitation financière ne peut pas être liée à un marché. Elle ne peut dépendre que d'objectifs quantifiés par les adhérents ou le conseil d'administration : une part de marché, une gestion efficiente des ressources, l'acquisition d'une compétence, etc.

2. Le président du conseil d'administration : son élection, son statut et sa rétribution

Le président du conseil d'administration est choisi parmi les membres du conseil et élu par ces derniers. De surcroît, il est par nature un associé ayant été élu par les autres associés lors de l'assemblée générale. C'est lui qui représente la société en justice.

Comme pour les autres membres du conseil d'administration, les fonctions sont assurées gratuitement, c'est-à-dire que le président n'exerce pas une fonction ouvrant droit à rémunération, il ne s'agit pas d'un contrat. Par contre, on peut rapprocher son régime de celui d'un élu d'une collectivité locale. S'il ne peut être rémunéré, il peut être indemnisé pour le temps passé et la responsabilité assumée.

Le barème des plafonds d'indemnités octroyées aux élus de collectivités fournit une référence satisfaisante pour apprécier la pertinence du montant éventuel de l'indemnité octroyée. Pour les communes, le plafond des indemnités dépend de la taille de la collectivité concernée et par conséquent, indirectement, de la nature des responsabilités assumées.

La rémunération du président du conseil d'administration ne peut en aucune manière constituer une incitation à la performance, ni une prime pour la réalisation des objectifs fixés. Il s'agit d'une indemnité pour le temps et l'énergie déployés. Cette distinction n'est pas neutre car, en interdisant toute rémunération incitative, la réglementation fait ressortir la fonction particulière de président (et même d'administrateur) de coopérative. Il ne s'agit pas uniquement d'une fonction visant à défendre ses intérêts propres, mais d'une fonction se situant à la frontière entre le domaine de l'activité professionnelle privée et celui de l'activité publique. La coopérative, par elle-même, en fonction des caractéristiques qui lui sont propres, constitue une forme de cité, avec sa fonction économique mais aussi son mode de direction et d'élection démocratique.

Le cas du Crédit Agricole met clairement en évidence les limites de cette approche fondée sur le bénévolat. Selon le rapport annuel 2006 du Crédit Agricole, le président du conseil d'administration a bénéficié, jusqu'en 2006, d'une rémunération fixe déterminée en référence aux pratiques du groupe Crédit Agricole. Le comité des rémunérations, sur la base d'un benchmark réalisé par un consultant extérieur, a proposé au Conseil de déterminer la rémunération fixe du président du conseil d'administration, à compter de 2007, par référence aux rémunérations observées, pour des fonctions de même nature, dans les grandes sociétés cotées. Cette proposition a été approuvée par le Conseil dans sa séance du 6 mars 2007. Pour 2006, les montants perçus par le président se sont élevés à : 288 000 € de rémunération fixe, 16 500 € de jetons de présence et 141 000 € d'avantages (une prime destinée à financer sa retraite, un logement et une voiture de fonction), (p. 37). Comparées aux rémunérations de présidents de conseil d'administration d'autres entreprises cotées, ces rémunérations apparaissent très raisonnables. Il est évident qu'en 2007, du fait de la résolution votée par le conseil d'administration, les rémunérations ne seront plus du tout du même niveau.

3. Le directeur général : ses attributions, sa rémunération

Le directeur de la coopérative a pour fonction de diriger la coopérative, mais aussi de représenter la coopérative vis-à-vis des tiers, dans les limites des pouvoirs qui lui sont confiés. Trois cas de figure peuvent être envisagés selon le statut du directeur général :

– *le directeur est salarié de la coopérative*. C'est le cas le plus simple et le plus adapté pour les coopératives d'une certaine taille qui nécessitent une direction à temps complet. Dans ce cas, le directeur ne doit pas être membre du conseil d'administration ;

– *le directeur est détaché à temps partiel ou complet par une autre structure*. Dans ce cas, la coopérative rémunère cette structure pour cette mise à disposition. Ce peut-être le cas dans les groupes de coopératives, ou en cas de coopération entre plusieurs coopératives, ou encore dans le cas de mise à disposition par une structure administrative du type Direction de l'agriculture ou de la forêt ;

– *le directeur est un membre du conseil d'administration* mais, dans ce cas, il ne peut pas être salarié de la coopérative. Ce peut être le cas lors de la création de la coopérative. Alors il est possible de disposer d'un président qui soit en même temps directeur général. À l'inverse des sociétés commerciales, en raison de l'interdiction de rémunération des fonctions d'administration de la coopérative, cette solution est pourtant rarement durable. Dès que la fonction de direction prendra une importance telle que cette fonction devra être rémunérée, alors la fonction de direction émergera d'elle-même.

La fonction de représentation de la coopérative à l'égard des tiers est la fonction de direction stratégique, car c'est elle qui inclut la rédaction des contrats avec les tiers, qu'il s'agisse des contrats de vente, d'approvisionnement, ou de prestations, voire même des contrats de travail. Cette fonction peut cependant être limitée dans son étendue par une décision du conseil d'administration. Ce dernier peut imposer son accord pour toute embauche de salariés, voire même pour toute signature de contrats d'un montant unitaire supérieur à XXX € (le montant dépend des règles internes à chaque entreprise), etc.

En tant que salarié, la rémunération du directeur peut comporter de nombreux éléments fixes ou variables. Des éléments incitatifs peuvent y être rattachés, par exemple des primes en fonction du développement de la coopérative, ou de l'accès à certains marchés, etc. Mais, ces aspects incitatifs ne peuvent pas, ou ne devraient pas, porter sur la valeur de marché de la coopérative, dans la mesure où il s'agit d'une notion qui n'est pas pertinente pour ce type d'organisation.

4. La forme conseil de surveillance et directoire

La coopérative peut également retenir, dans ses statuts, le choix du conseil de surveillance et du directoire. Dans ce cas, le conseil de surveillance est nommé par l'assemblée générale ordinaire pour une durée maximale de six ans et il doit comprendre au moins trois membres[1]. Quant à lui, le directoire comprend de trois à cinq membres nommés pour quatre ans par le conseil de surveillance.

Cette formule est souvent préconisée pour les sociétés de capitaux, car elle permet de distinguer la fonction de contrôle exercée par les actionnaires de celle de direction. Dans le cas des coopératives, cette formule apparaît moins heureuse. En effet, une des caractéristiques des coopératives est l'implication des adhérents dans l'administration de la coopérative. Le choix d'une structure duale apparaît davantage comme un compromis entre la gouvernance d'une société anonyme et celle d'une coopérative que comme une réelle amélioration du processus de gouvernance des coopératives.

Cette forme peut donc s'avérer pertinente pour les coopératives de taille très importante qui ne peuvent plus s'appuyer sur leurs adhérents individuels pour assurer le respect de la gouvernance. Il s'agit, d'une

---

1. Deux dans le cas d'une union de coopératives.

certaine manière, d'une professionnalisation très forte des fonctions de direction et de contrôle qui tend à supprimer le caractère « démocratique » des coopératives.

IV. LA SÉLECTION ET LE RÔLE DES ADMINISTRATEURS

Le conseil d'administration est au cœur de la gouvernance des coopératives. Il est, tout à la fois, le représentant des associés coopérateurs et non coopérateurs, l'organe de prise de décision, et l'organe de contrôle des dirigeants. Par rapport aux sociétés commerciales qui, le plus souvent, confondent les fonctions de président du conseil d'administration et de directeur général, les coopératives maintiennent cette dissociation qui a pour effet de renforcer le pouvoir effectif du conseil d'administration par rapport à son président et par rapport au directeur général. De surcroît, alors que le processus de sélection des administrateurs est relativement libre dans les sociétés commerciales, c'est-à-dire qu'il est le plus souvent sous le contrôle du PDG, dans les coopératives la sélection des administrateurs obéit à un certain nombre de règles qui limitent le pouvoir du président. Ces règles sont notamment liées à la forme des assemblées générales et aux pouvoirs qui leur sont dévolus.

Le rôle, la fonction, et l'implication des administrateurs sont souvent étroitement liés à l'histoire de la coopérative. Si l'on reprend la métaphore du cycle de vie[1] des organisations, on peut distinguer différents stades.

– *La création*. Dans ses premiers temps, le conseil d'administration regroupe généralement les adhérents qui étaient à l'origine de la coopérative. Ces adhérents sont souvent mus par un attachement très fort à leur coopérative qui, d'une certaine manière, est leur œuvre.

– *La croissance*. Le développement de l'activité implique ensuite la nécessité de disposer d'administrateurs représentant la diversité des coopérateurs. L'approche économique des incitations montre, qu'en

---

1. La notion de cycle de vie d'une organisation est un non-sens au sens strict du terme dans la mesure où une organisation ne vit que par les individus qui la composent. Aussi, nous retenons cette notion sous l'aspect de la métaphore pour rendre compte d'une réalité plus organisationnelle. La façon dont les individus agissent et s'impliquent au sein d'une organisation dépend de l'histoire et du stade de développement de l'organisation.

règle générale, n'accepteront de participer au conseil d'administration que les personnes pour lesquelles l'arbitrage entre le temps passé et les possibilités d'autres occupations n'est pas trop défavorable.

– *La maturité*. La professionnalisation de la coopérative va nécessairement imposer la constitution d'un conseil d'administration capable de répondre aux nouveaux défis auxquels la coopérative se trouve confrontée. Dans le cas contraire, le risque est grand d'assister à la création d'une coopérative sans réel contrôle qui, au bout de quelques années, sera confrontée à des difficultés majeures. Le conseil d'administration va donc, lui aussi, se professionnaliser en privilégiant la diversité des administrateurs et en soulignant leur apport personnel au contrôle et à la prise de décision de l'organisation.

– *Le déclin*. Le besoin de toucher de nouveaux marchés, l'extension géographique, la diversification des activités distendent le lien entre les administrateurs et les adhérents. La coopérative cesse progressivement de mettre en œuvre les principes coopératifs, elle recourt à des filiales de droit commun et, soit elle se transforme petit à petit en société de capitaux, soit elle dépérit, contrôlée par un petit groupe de dirigeants qui ne rendent plus de compte à personne.

La composition du conseil d'administration et son fonctionnement ne peuvent donc se décider de façon dogmatique. Il est nécessaire de prendre en compte les contingences de la coopérative, et notamment son environnement.

1. Une typologie des administrateurs : caractéristiques et attentes

On peut recenser schématiquement trois catégories d'administrateurs :

– *Les administrateurs retraités*. Ils sont présents en raison de leur activité professionnelle antérieure, ou parce qu'ils conservent une participation dans leur activité professionnelle antérieure, ou encore parce qu'ils sont mandatés par la structure juridique (par exemple un groupement forestier ou agricole) à laquelle ils sont associés. Ils disposent d'un temps libre conséquent, ils souhaitent maintenir une certaine activité professionnelle sans en supporter toutes les contraintes et ils trouvent une incitation réelle dans la participation à la prise de décision et dans un certain nombre de fonctions de représentation. Ils sont très précieux car ils représentent une mémoire de la coopérative et ils ont une disponibilité assez importante. En règle générale, le problème de l'indemnisation du temps passé ne les préoccupe pas outre mesure. On les retrouve fréquemment dans l'exercice des fonctions de représentation indispensables au bon fonctionnement de la coopérative.

– Les administrateurs qui sont des coopérateurs actifs ayant un volume d'activité important réalisé avec la coopérative. Ils défendent l'intérêt de leur activité professionnelle et sont donc particulièrement vigilants sur l'efficience de la coopérative. Leur incitation est étroitement liée aux retombées de l'activité de la coopérative sur leur activité professionnelle propre.

– Les administrateurs coopérateurs actifs mais réalisant une activité normale avec la coopérative. Ils sont souvent peu nombreux. Ils sont néanmoins présents, soit parce que la coopérative constitue une possibilité de carrière professionnelle complémentaire, soit en raison de motivations personnelles fortes ; par exemple parce qu'ils sont attachés à un mode de développement économique alternatif. Cette catégorie d'administrateurs pose de nombreux problèmes car leur statut n'est pas réellement prévu dans l'esprit juridique des coopératives. Pourtant ils en constituent souvent l'élément indispensable pour les phases critiques de développement et de transformation.

– Les administrateurs non coopérateurs. Si la coopérative admet des membres non coopérateurs, alors ces derniers doivent avoir une représentation qui ne peut excéder le tiers des sièges du conseil d'administration (ou du conseil de surveillance). Les membres non coopérateurs sont généralement choisis en fonction de leur qualité, par exemple, les syndicats professionnels. Au sein du conseil d'administration, ils exercent le plus souvent une fonction de conseil et apportent un point de vue complémentaire de celui des coopérateurs.

Dans tous les cas, les administrateurs ne doivent pas participer à une activité concurrente de celle de la coopérative (que ce soit directement ou indirectement). Par ailleurs, pour éviter une représentation trop forte des coopérateurs les plus âgés, la loi impose certaines conditions d'âge.

Au sein du conseil d'administration, chaque membre bénéficie d'une voix, et les décisions sont prises à la majorité des membres présents (néanmoins la voix du président est prépondérante en cas de partage des voix). Pour pouvoir délibérer, le conseil doit cependant réunir au moins la moitié de ses membres. Les associés non coopérateurs ne peuvent représenter plus du tiers des sièges.

2. L'information des administrateurs

Une information nécessite tout à la fois un émetteur et un récepteur pour qu'elle puisse être perçue. Une bonne qualité de l'information peut être définie comme l'adéquation entre les attentes des administrateurs et la réalité des informations fournies.

Du point de vue du directeur général et du président du conseil d'administration, on peut recenser deux désirs contradictoires :

– *Fournir une information sommaire et peu développée* (ou peu compréhensible). Cela évite d'avoir à justifier la politique de la coopérative devant les administrateurs, ceux-ci étant appréhendés comme les membres d'une chambre d'enregistrement.

– *Fournir une information détaillée et complète.* Ceci permet de s'appuyer sur les administrateurs et de bénéficier de leur expérience. Cela permet également au président du conseil d'administration et à son directeur général de se dédouaner, en mettant clairement en évidence les enjeux (c'est-à-dire les opportunités et les risques) liés aux différents choix stratégiques. Dans la mesure où l'information devient accessible, les administrateurs sont davantage impliqués, et la discussion peut parfois évoluer dans un sens contraire à celui initialement envisagé par le président du conseil.

Du point de vue des administrateurs, les attentes sont également complexes et renvoient à la typologie proposée précédemment :

– De nombreux administrateurs conçoivent leur fonction comme une contribution au fonctionnement de la société[1] mais sans y attacher un réel exercice professionnel. Autrement dit, certains administrateurs se satisfont d'une information minimale qui offre le gros avantage de ne pas les impliquer dans le fonctionnement de la coopérative. Les enjeux sont présentés mais ils ne sont que rarement discutés et remis en cause.

– D'autres administrateurs privilégient la pratique professionnelle de leur fonction et exigent une information adéquate à leurs attentes.

---

1. C'est-à-dire comme une participation aux fonctions publiques qui permette le « vivre ensemble en société ».

Comme on le voit, il existe donc deux possibilités de conseil d'administration harmonieux. L'un où le président et son directeur fournissent une information minimale, mais qui satisfait les administrateurs qui ne souhaitent pas être impliqués de façon trop professionnalisante dans la coopérative. L'autre où, au contraire, le président et son directeur fournissent une information détaillée et pertinente répondant aux attentes d'administrateurs soucieux d'exercer pleinement leurs fonctions.

Il existe également deux cas où le conseil d'administration fonctionne assez mal. L'un, quand les informations fournies ne répondent pas aux attentes des administrateurs. Dans ce cas, soit les administrateurs mécontents réussissent à réunir à une majorité et ont une solution de rechange, et l'ajustement se fait par un renversement du président et de son directeur ; soit les administrateurs mécontents cessent progressivement leurs fonctions au sein du conseil, et l'harmonie revient par une disparition de la demande d'informations pertinentes.

L'autre, le quatrième cas de figure, le plus rare, correspond à une distribution détaillée et pertinente d'informations face à un conseil d'administration peu réceptif. La solution ressort davantage du volet normatif dans la mesure où, si le directeur et le président du conseil persistent, l'enjeu est progressivement de développer un conseil d'administration apte à exercer effectivement ses fonctions. Mais ceci renvoie aux problèmes des incitations propres aux administrateurs.

3. Sélection et motivation des administrateurs

Comme nous venons de le mettre en évidence, un enjeu majeur de la gouvernance des coopératives est de disposer d'un conseil d'administration désireux d'exercer pleinement ses fonctions d'administration de la coopérative. La gratuité des fonctions d'administrateur tend naturellement à favoriser une sur-représentation des administrateurs âgés[1] et, par conséquent, un moindre dynamisme du conseil d'administration.

Il est donc important de prévoir des mécanismes visant à corriger ce risque de dysfonctionnement, tout en préservant une certaine éthique de la coopérative qui justifie sa place dans le monde économique. Pour ce faire, il faut notamment revenir sur les attentes des administrateurs

---

[1]. Car ces derniers sont souvent très sensibles à la reconnaissance de leur apport social et ils valorisent fortement certaines fonctions témoignant de leur implication dans la société.

que nous avons qualifiés de coopérateurs actifs mais ne réalisant pas une activité professionnelle très importante avec la coopérative.

Ces administrateurs sont souvent animés d'une éthique particulière, que leur participation au fonctionnement de la coopérative permet en partie de combler. Néanmoins, dans la mesure où ils exercent encore une activité professionnelle, le temps passé à l'exercice de l'administration de la coopérative se traduit par un manque à gagner économique. Il est donc souhaitable de prévoir des mécanismes d'indemnisation du temps passé, qui atténuent l'impact économique négatif de la participation à la vie de la coopérative.

Cette exigence est d'autant plus nécessaire qu'une simple observation des pratiques semble indiquer qu'un individu fortement impliqué à titre gracieux dans une organisation a parfois tendance, avec le temps, à confondre les intérêts de son organisation avec ses propres intérêts[1]. Une juste indemnisation permet de distinguer l'apport de chacun, sans pour autant créer de droits moraux sur l'organisation.

4. Le contrôle de l'activité réalisée entre la coopérative et les administrateurs

La caractéristique essentielle des coopératives, où les adhérents sont tout à la fois les décideurs de l'organisation et ses principaux clients ou fournisseurs, crée naturellement une certaine confusion des fonctions. Ceci est particulièrement vrai pour les administrateurs qui, collectivement, représentent « l'employeur » des salariés de la coopérative, et qui, individuellement, négocient avec ces mêmes salariés les conditions contractuelles des ventes de produits ou prestations de services.

Dans les sociétés commerciales, la loi a prévu l'obligation de contrôle des conventions réglementées, c'est-à-dire des conventions passées entre la société et l'un de ses administrateurs ou dirigeants. Le principe est de soumettre à l'approbation du conseil d'administration, et au vote de l'assemblée générale, toute convention ne rentrant pas dans le cadre des conventions courantes conclues à des conditions normales.

Pour déterminer si une convention est conclue à des conditions normales, il est souhaitable que la coopérative ait édicté des règles

---

1. Il suffit de citer le cas de l'association pour la recherche contre le cancer (ARC) et de son fondateur qui, au cours des années 1990, a abondamment puisé dans la caisse de son association pour combler ses besoins personnels.

applicables aux contrats conclus avec ses adhérents. Ainsi, si une coopérative forestière prévoit que le taux de commission perçu dans le cas d'une opération de plantation est de x %, il suffit de comparer la réalité du contrat avec cette référence pour s'assurer que les conditions appliquées sont les conditions normales. Si la coopérative ne dispose pas de telles règles de fonctionnement, et que les relations avec les adhérents sont résolues par des négociations au cas par cas, le risque de « favoritisme » en faveur des adhérents administrateurs apparaît très clairement.

Néanmoins, ce contrôle des conventions réglementées est la partie immergée de l'iceberg. De nombreuses coopératives n'indemnisent pas leurs administrateurs. Ces derniers ont donc tendance à considérer comme normal que leurs transactions réalisées avec la coopérative soient particulièrement bien suivies. Si les conditions contractuelles sont les mêmes que celles des autres adhérents, la qualité des prestations (le délai, le contrôle de la qualité de la prestation, le suivi postérieur à la transaction) est souvent nettement supérieure. Il s'agit donc d'une forme de compensation indirecte pour le temps et l'énergie déployés par les administrateurs. Comme tout mécanisme indirect qui n'est pas rendu public, il existe un risque de dérives.

À notre sens, une modification de la législation favorisant l'indemnisation, et non la rémunération, du temps passé par les administrateurs et des responsabilités assumées, et renforçant le contrôle des conventions entre les administrateurs et la coopérative contribuerait à une amélioration de la gouvernance des coopératives.

Cafsa (Coopérative Agricole et Forestière Sud Atlantique) et le contrôle des filiales

La Cafsa regroupe plus de 22 000 adhérents, représentant une surface forestière de 600 000 ha sur une zone étendue et diversifiée couvrant 13 départements. Elle est découpée en zones régionales avec des administrateurs élus pour chaque zone. Cette coopérative contrôle trois filiales dont l'une Forelite intervient dans la production de graines et de plants forestiers.

Forelite est une société anonyme qui est présidée par l'un des administrateurs de la coopérative (il ne s'agit pas du président de la coopérative). Avec un effectif inférieur à 10 salariés elle réalise un chiffre d'affaires de 2 millions d'euros et un résultat net oscillant entre 250 000 et 300 000 €. En comparaison, la coopérative réalise un chiffre d'affaires de 66 millions d'euros et dégage un résultat de 874 000 € pour l'année 2006[1].

Le choix d'une structure commerciale sous forme de société anonyme s'explique par les activités de vente à des tiers non coopérateurs que génère une activité de pépiniériste. C'est pour disposer d'une structure de commercialisation plus souple que les coopératives sont souvent amenées à créer des filiales. Cela pose néanmoins des problèmes de contrôle qui peuvent être résumés ainsi :

- Comment le capital de la société filiale est-il réparti : s'agit-il d'une filiale à 100 % ou certains administrateurs ou cadres dirigeants de la coopérative sont-ils présents au capital et intéressés aux résultats ?

- Comment sont régies les relations commerciales entre la coopérative et sa filiale : la coopérative bénéficie-t-elle des meilleurs prix ou la marge est-elle réalisée en grande partie au sein de la société filiale au détriment de la coopérative ?

- Sous quelle forme les dirigeants de la société filiale rendent-ils des comptes aux administrateurs et aux adhérents de la coopérative : les comptes font-ils l'objet d'un compte rendu par des administrateurs de la coopérative indépendants de la filiale ?

- Qui assume le risque de la société filiale ? En effet, bien que ces sociétés soit sous forme de sociétés de capitaux et que la responsabilité soit théoriquement limitée au montant du capital, en réalité les coopératives sont nécessairement garantes de la solvabilité de leurs filiales en raison des relations d'affaires qu'elles entretiennent avec elles. L'existence d'actionnaires minoritaires au sein de ces sociétés posent donc de sérieux problèmes d'asymétrie de responsabilité puisque ces actionnaires minoritaires participent aux résultats mais voient leur responsabilité limitée au montant de leur apport au capital et ce contrairement à la coopérative.

1. Bilans et comptes de résultats disponibles sur le site LesEchos.fr

Chapitre 7

Des relations complexes avec les parties-prenantes

Si la coopérative est centrée sur ses adhérents, la diversité des attentes de ces derniers et le mode de prise de décision favorisent la prise en compte des intérêts des autres parties prenantes. Les salariés jouent fréquemment un rôle majeur au sein des coopératives. Non seulement parce que ce sont eux qui la font fonctionner au quotidien, mais aussi parce que leur intervention dans le processus de prise de décision s'avère souvent nettement plus importante que dans des sociétés commerciales de taille équivalente.

La relation avec les fournisseurs et les clients, autres que les adhérents, s'avère également parfois plus complexe qu'une simple transaction de marché. En effet, dans la mesure où la coopérative ne se justifie pas uniquement par des considérations économiques mais aussi par une certaine vision de l'éthique et des rapports économiques, ceci affecte le mode de relation de la coopérative et ses cocontractants.

Enfin, les collectivités publiques présentent naturellement certaines affinités avec les coopératives en raison de leur mode de fonctionnement à base démocratique.

I. LA RELATION ADHÉRENTS-SALARIÉS

Les salariés occupent une place privilégiée au sein des coopératives. Ils ne sont pas uniquement dans la relation d'employé à employeur vis-à-vis de leurs adhérents mais ils sont également, voire surtout, dans la relation de fournisseur à client. Les problèmes de contrôle s'avèrent donc particulièrement importants et conditionnent fréquemment l'efficience économique de la coopérative.

1. Une relation employeur-employé et fournisseur-client

Comme dans toute organisation, les salariés sont embauchés par leur employeur à l'aide d'un contrat de travail. Ils relèvent des conventions collectives du secteur d'activité de la coopérative. Leur contrat étant un contrat du domaine privé, ils peuvent être licenciés selon les règles de droit commun.

Néanmoins, les salariés, ou au moins un certain nombre d'entre eux, sont également au contact des adhérents. Si la coopérative prévoit une certaine formalisation des transactions entre elle-même et les adhérents, il reste néanmoins une marge de manœuvre pour tenir compte des spécificités de chaque transaction. Comme dans toute entreprise, les salariés peuvent apporter une plus ou moins grande attention à la qualité des prestations effectuées.

La spécificité des coopératives est que la réaction de l'adhérent face à au déroulement de la transaction va se situer à un double niveau. Le niveau normal est celui de l'organisation, de l'entreprise. L'adhérent va évaluer positivement, ou négativement, la qualité de la prestation ou les conditions de la transaction qui lui sont faites, et il va donc porter un jugement sur la coopérative elle-même. Néanmoins, ce jugement subit quelques limites. En effet, la législation prévoit l'obligation, pour chaque adhérent, d'utiliser les services de la coopérative pour une durée déterminée. L'adhérent n'est donc pas tout à fait dans la situation d'un marché pur et parfait où il pourrait changer de fournisseur ou de client s'il n'en est pas satisfait. Il est en partie lié à la coopérative.

Le second niveau de réaction de l'adhérent est vis-à-vis de son interlocuteur. Toute transaction comporte en partie un aspect relationnel. Même un achat sur un marché contient un minimum d'implication personnelle. Néanmoins, si le commerçant ne nous convient pas, il suffit d'aller au suivant. Dans les relations d'un adhérent avec sa coopérative, la liberté de transaction n'est pas aussi grande. Dans la mesure où l'adhérent est lié à sa coopérative, les transactions vont tendre à se personnaliser. L'adhérent va ainsi non seulement évaluer la coopérative mais également le salarié qui est son interlocuteur au sein de la coopérative.

Pour le salarié, il s'agit tout à la fois d'une menace et d'une opportunité. D'une menace car si l'adhérent n'est pas satisfait il se plaindra, notamment en assemblée générale. L'identification du salarié « fautif » est plus rapide mais, dans une entreprise commerciale efficiente, on retrouve la même sanction si les clients ou les fournisseurs délaissent cette entreprise en raison de l'un de ses salariés. Ce dernier finira rapidement par se trouver sur la sellette.

Mais il s'agit aussi d'une opportunité car, dans cette implication personnelle avec un salarié de la coopérative, l'adhérent tendra à s'investir affectivement et ce d'autant plus que le salarié s'impliquera de façon personnelle au-delà du respect strict des procédures et du cahier des charges. Dans sa relation avec ses supérieurs, le salarié pourra se prévaloir de l'appui, ou de la reconnaissance, d'un certain nombre d'adhérents. Plus cette reconnaissance sera personnelle et affective et plus le salarié disposera d'un contre-pouvoir vis-à-vis de son responsable hiérarchique.

Il s'agit donc d'une relation par nature plus complexe à gérer puisque la direction de la coopérative doit veiller, tout à la fois, à la recherche de l'efficience économique et à la satisfaction des adhérents, lesquels sont en même temps les associés de la coopérative. La question du mode de rémunération constitue ainsi, souvent, un enjeu majeur pour le bon fonctionnement de la coopérative.

2. La rémunération et le contrôle des salariés

Comme dans toute organisation, la rémunération est un facteur important de son fonctionnement harmonieux. En effet, la rémunération répond aux objectifs de satisfaction des besoins matériels des salariés, mais elle est également un outil de reconnaissance de l'apport spécifique de chaque salarié, et un instrument d'orientation des efforts et d'incitation des salariés vers la réalisation des objectifs prioritaires de la coopérative.

En tant que réponse aux besoins matériels des salariés, la rémunération doit respecter les grilles de salaire établies par la convention collective du secteur, en tenant compte des compétences liées à la formation et à l'expérience professionnelle de chaque salarié.

Les questions les plus complexes portent sur le niveau général des rémunérations et sur la part consacrée aux rémunérations variables. Le choix d'un niveau général de rémunération, par rapport aux conventions collectives et aux pratiques du secteur d'activité, dépend de plusieurs facteurs parfois opposés :

– *Attirer les meilleurs éléments.* Cela conduit souvent à proposer des salaires plus élevés que la moyenne.

– *Tenir compte de l'aspect éthique des coopératives.* Dans la mesure où les salariés ont conscience de participer à une organisation économique dont les seules valeurs ne sont pas le profit, ils en retirent une certaine satisfaction qui peut parfois autoriser des rémunérations moindres.

– *Tenir compte des spécificités du contrôle des coopératives.* L'absence d'un référentiel unique de mesure de la performance, comme le profit dans une société commerciale, entraîne généralement un contrôle plus complexe des salariés. Une rémunération plus élevée permet de tenir compte de ce surcroît d'autonomie en le voyant, non comme un handicap, mais comme une potentialité positive.

– *Assurer la continuité d'exploitation.* Les rémunérations versées sont des coûts pour la coopérative. Mais ces coûts se traduisent souvent dans le prix payé par (ou demandé aux) les adhérents. Par rapport aux prix du marché, ce sont fréquemment les conditions réservées aux adhérents qui constituent la variable d'ajustement. La rémunération des salariés constitue ainsi un transfert, des adhérents vers les salariés, qui peut se justifier par la qualité de réalisation des transactions.

La part consacrée aux rémunérations variables, et la forme que ces rémunérations peuvent prendre, est complexe. Y rentrent en ligne de compte, non seulement des évolutions générales liées à la société (le discours actuel sur la nécessité d'individualiser les rémunérations), mais aussi des spécificités liées à la coopérative. C'est à ces dernières que nous nous intéresserons.

La rémunération variable constitue le moyen privilégié d'aligner l'intérêt des salariés sur celui de la coopérative. Mais, à la différence des sociétés commerciales, cela ne signifie pas rechercher la maximisation du résultat net, mais plutôt remplir les objectifs assignés à la coopérative par les adhérents. Et, de manière encore plus directe, cela signifie concilier la réponse individuelle des salariés aux attentes des adhérents avec lesquels ils contractent, avec la réponse collective que la coopérative doit offrir aux adhérents. Cela consiste donc à faire coïncider des intérêts particuliers avec un intérêt général.

Le salarié ayant tendance à privilégier ses adhérents au détriment de la pérennité économique de la coopérative, il est souvent nécessaire de prévoir une part variable liée à la santé économique de la coopérative. Il peut s'agir d'une prime liée au niveau d'excédent des produits sur les charges. Si le conseil d'administration estime qu'un résultat net moyen de 1 % du chiffre d'affaires est nécessaire pour assurer le maintien et le développement de la coopérative, une formule du type suivant peut être envisagée :

– Résultat net avant prime (RN) < à 1 % du chiffre d'affaires (CA), pas de prime (P) : P = 0.

– Résultat net avant prime supérieur à 1 % et inférieur à 2 % du chiffre d'affaires, la prime est égale à 50 % de la différence entre le résultat net et 1 % du chiffre d'affaires : $P = 50\,\% \times (RN - 1\,\% \times CA)$.

– Résultat net avant prime supérieur à 2 % du chiffre d'affaires, la prime est plafonnée à 0,5 % du chiffre d'affaires : $P = 0,5\,\% \times CA$, pour éviter que les salariés ne cherchent à maximiser le résultat net de la coopérative au détriment des adhérents.

Une formule de ce type-là permet, tout à la fois, d'intégrer la dimension de pérennité économique de la coopérative tout en limitant la recherche du profit pour elle-même. La répartition de la prime peut ensuite se faire en tenant compte des contributions de chaque salarié à la performance économique ou, au contraire, en égalisant la répartition entre chaque salarié.

En dehors de ce type de prime, il est souvent utile de prévoir des primes liées à la réalisation d'objectifs particuliers ; par exemple le développement de certaines activités, l'adhésion de nouveaux adhérents, etc.

Dans la mesure où les salariés auront parfois tendance à s'appuyer sur les adhérents pour limiter les pouvoirs de leur supérieur hiérarchique, il est indispensable de disposer d'outils d'informations permettant d'identifier précisément la contribution de chaque salarié au bon fonctionnement de la coopérative. Ces outils reposent sur l'existence de procédures écrites de contrôle interne et de satisfaction des clients, et sur un système efficient de gestion de l'information et des données, interne à la coopérative.

II. LES CLIENTS ET LES FOURNISSEURS

La plupart des coopératives s'inscrivent dans un univers concurrentiel, mais non dans un domaine de concurrence pure et parfaite. Du point de vue de l'efficience de la gestion des ressources économiques, les coopératives sont sans doute moins armées que les sociétés commerciales classiques. Pour reprendre l'analyse d'Adam Smith[1], la défense de son propre intérêt est souvent un moteur très puissant pour faire agir les individus. Ainsi, entre un entrepreneur et une coopérative, les facteurs de motivation ne sont pas les mêmes et n'exercent pas la même puissance. Cela ne signifie pas que les coopératives n'aient pas leur place ni qu'elles soient forcément moins adaptées mais, à conditions strictement identiques, les facteurs d'incitation et de contrôle nécessaires à une maximisation de l'efficience dans la gestion des ressources économiques sont généralement plus complexes dans les coopératives.

Quels sont donc les facteurs qui expliqueraient que tel ou tel secteur d'activité voit l'apparition de coopératives alors que dans d'autres elles ont quasiment disparu. Il nous semble que l'environnement économique de la coopérative, et en particulier le mode de relation de l'entreprise avec ses clients et ses fournisseurs, constitue un élément essentiel d'explication.

1. Des exigences éthiques

La théorie des coûts de transaction, avec les économistes Coase[2] puis Williamson[3], explique le recours à diverses formes organisationnelles, pour gérer les transactions, par les coûts supportés pour gérer ces transactions.

Quand une transaction n'implique qu'un produit ou un service nettement identifiable, le marché est souvent le mode de contractualisation le plus simple et le plus efficient. Quand une transaction devient plus complexe, qu'elle nécessite des actifs spécifiques difficilement négociables sur le marché et qu'elle est amenée à se reproduire, l'internalisation de la transaction, au sein d'une entreprise, est alors un moyen moins onéreux de répondre aux coûts de contrôle et de suivi de la transaction, ainsi qu'à leurs conséquences pour les parties en présence.

---

1. Smith Adam (1776), *An Inquiry into the Nature and Causes of the Wealth of Nations*, Everyman's Library, 1954.
2. Coase R.H. (1937), « The Nature of the Firm », in *The Nature of the Firm, Origins, Evolution, and Development*, edited by Williamson O.E. and Winter S.G., 1991, Oxford University Press
3. Williamson O.E. (1975), *Markets and Hierarchies*, Free Press, New York.
Williamson O.E. (1985), *Economic Organization: Firms, Markets and Policy Control*, Wheatsheaf Books, Brighton (Grande Bretagne).

L'éthique semble, de ce point de vue, un facteur majeur d'explication du recours aux coopératives pour la réalisation de certaines transactions. Nous prendrons un exemple.

Dans le domaine forestier, entre les scieries ou les usines de pâte à papier et les propriétaires forestiers, il est nécessaire d'abattre les arbres, de les façonner, de les débarder et de les transporter. Ces différentes opérations exigent des compétences spécifiques qu'offrent un certain nombre de sous-traitants. Pour concilier les attentes des propriétaires forestiers (l'exploitation d'une coupe), les besoins des scieurs et les capacités des sous-traitants, il existe des intermédiaires qui coordonnent les activités d'abattage, façonnage, débardage et transport. Ces intermédiaires sont, soit des entrepreneurs forestiers, soit des coopératives[1]. Ils peuvent être plus ou moins intégrés, c'est-à-dire qu'ils peuvent réaliser en propre certaines opérations, ou ils peuvent au contraire les sous-traiter en totalité. Ils peuvent également être une émanation de scieurs ou, plus rarement, de propriétaires forestiers (ce n'est le cas que pour les très gros propriétaires tels que la Caisse des dépôts et consignations).

La rentabilité de l'intermédiaire dépend schématiquement de trois facteurs : le prix payé par la scierie (ou le client tel que l'usine de pâte à papier), la rémunération versée aux sous-traitants et le prix versé au propriétaire forestier. Le prix payé par la scierie est généralement un prix fixé par les conditions du marché. Il s'agit d'un prix entre parties bien informées et les variations dépendent généralement des conditions spécifiques de la transaction (respect des délais de livraison, qualité des produits, etc.). Il n'existe donc pas de différence significative entre le prix payé à une coopérative et le prix payé à un entrepreneur forestier.

La rémunération versée aux sous-traitants dépend des conditions du chantier et de la législation sociale. S'agissant de travaux manuels parfois assez pénibles en raison des conditions climatiques, il est fréquent d'y trouver une forte proportion de travailleurs immigrés. L'asymétrie d'information, notamment sur la législation sociale et sur les conditions de travail, est souvent plus forte quand l'employé est immigré (ne serait-ce que parce que l'existence d'un travail conditionne son maintien dans le pays d'accueil). Il s'agit donc d'un poste sur lequel

---

1. Nous ne traiterons pas de la catégorie particulière des experts forestiers qui sont des personnes individuelles exerçant une activité de coordination assez limitée entre le propriétaire et des entrepreneurs forestiers.

il est possible d'observer des différences conséquentes de rémunération. Un entrepreneur forestier peu regardant aura ainsi la tentation de pratiquer des prix très bas en contournant la législation (il suffit de payer les sous-traitants à la tâche, ce qui transfère au sous-traitant le problème de la rémunération légale et du respect d'un horaire de travail). Une coopérative, si elle pratique également la rémunération à la tâche aura, néanmoins, une certaine réticence à s'engager dans une logique systématique de moins-disant. Le recours à des sous-traitants non déclarés lui sera également interdit en raison d'une plus grande transparence de ses opérations.

Enfin, le dernier facteur conditionnant la marge de l'intermédiaire est le prix payé au propriétaire forestier. Nous sommes là dans une relation d'asymétrie d'information très forte. L'intermédiaire est un spécialiste du domaine forestier, il dispose de la compétence nécessaire pour évaluer de façon à peu près fiable (ceux qui n'en sont pas capables sont rapidement éliminés du marché) la valeur d'une coupe forestière. En face, le propriétaire forestier dispose d'une compétence beaucoup moins développée. De nombreux intermédiaires ont ainsi bâti leur rentabilité sur des « coups », c'est-à-dire sur des coupes achetées à bas prix par rapport à leur juste valeur.

La coopérative forestière dispose alors d'un avantage concurrentiel par rapport à l'entrepreneur forestier. Elle apporte une éthique, c'est-à-dire une garantie qu'elle ne cherchera pas à profiter de la connaissance incomplète du propriétaire forestier (qui est en même temps adhérent et par conséquent associé) pour s'enrichir sur son dos. L'adhérent est disposé à payer pour cette garantie. Il accepte de recevoir un prix moindre que celui qu'il aurait pu obtenir en faisant pleinement jouer la libre concurrence, mais qu'il n'aurait pas obtenu en raison du problème d'asymétrie d'information.

L'éthique n'est pas un choix des coopératives, elle est liée à la nature même des coopératives. Si la coopérative n'adopte pas une certaine éthique, alors elle disparaît car c'est son arme face à la concurrence d'entrepreneurs privés. C'est sa raison d'être.

2. Le prix de l'éthique

Les coopératives s'inscrivent dans un environnement concurrentiel. Mais il s'agit d'une concurrence limitée et biaisée, car les coopératives n'apportent pas le même service que les entrepreneurs privés. Et, pour obtenir ce service, il est nécessaire d'y consacrer un surcroît de ressources sous forme d'une moindre efficience dans la gestion des ressources. Le problème majeur dans ce cadre est celui de passager clandestin (*free rider* en anglais). Il s'agit de la personne morale ou physique qui profite de l'existence des coopératives, lesquelles imposent une certaine éthique, mais qui ne souhaite pas en supporter le prix.

Nous reprendrons ainsi notre exemple précédent. Un propriétaire forestier peut, dans un premier temps, demander à une coopérative forestière le prix que cette dernière est disposée à lui donner pour sa coupe, avant de se retourner vers un entrepreneur forestier qui lui en offrira un prix légèrement majoré. La coopérative sert de référence et garantit au propriétaire forestier que l'entrepreneur ne réalise pas sur son compte une opération trop profitable. Si ce type de comportement se généralise, la coopérative forestière se transforme alors en organisme d'évaluation de la valeur des coupes et elle finit par disparaître.

Pour éviter ce comportement de passager clandestin, la législation a prévu l'obligation, pour chaque coopérateur, d'utiliser les services de la coopérative pour une durée déterminée. La législation a ainsi réduit la concurrence, en limitant les possibilités de changer d'intermédiaire pour le propriétaire forestier. Il s'agit, typiquement, d'une réglementation visant à favoriser l'intérêt général et l'intérêt économique, en réduisant les possibilités de jeux individuels qui s'avéreraient néfastes pour la défense des intérêts des coopérateurs.

Les coopératives constituent donc un moyen de réduire les coûts de transaction liés au risque de comportement très opportuniste de certains acteurs.

3. Des exigences de qualité et de service

En raison de cette exigence éthique qui lui est propre, la coopérative se trouve en situation d'infériorité dans ses négociations avec d'autres acteurs. Un acteur qui fait vœu d'honnêteté ne pourra pas utiliser tous les moyens à sa disposition pour sauvegarder son intérêt. Si, de surcroît, son interlocuteur connaît ce vœu d'honnêteté, alors il est possible qu'il n'hésite pas à s'en servir à son encontre. Pour prendre un exemple. Si deux menteurs se rencontrent et discutent, ils finiront par se mettre d'accord en fixant les conditions nécessaires au respect de leurs engagements. Si l'un des deux interlocuteurs a fait vœu d'honnêteté, alors que l'autre est délié de tout engagement, celui qui est menteur pourra se prévaloir de la parole de l'autre alors que la réciprocité ne sera pas assurée.[1]

Cette situation d'infériorité peut se révéler, soit un handicap, soit une opportunité. En effet, si la coopérative supporte les mêmes coûts que ses concurrents pour garantir la pertinence de ses engagements, alors elle sera perdante. Si, au contraire, elle s'appuie sur ses exigences éthiques comme étant constitutives de ses relations contractuelles, elle supportera des coûts pour garantir et maintenir son éthique, mais elle pourra s'en prévaloir auprès de ses clients et fournisseurs, ce qui, en retour, est susceptible de lui assurer une certaine forme de rentabilité économique.

Il semble ainsi qu'une coopérative se doive de prendre conscience des enjeux qui lui sont propres, et qui sont liés à son statut de coopérative. Une coopérative n'est pas une entreprise commerciale comme les autres. Elle doit tenir compte de cette dimension éthique pour en faire une force.

Une analyse stratégique approfondie aboutira généralement à la conclusion que l'éthique et une certaine notion de la qualité et de service vont de pair. Une coopérative pourra ainsi plus facilement se développer en offrant à ses clients une qualité irréprochable, plutôt qu'en essayant d'obtenir systématiquement les prix les plus faibles.

Dans le domaine agricole, il est vraisemblable que le développement de l'agriculture biologique devra fortement s'appuyer sur les coopératives, car elles sont naturellement le vecteur entre des exigences écologistes et des exigences éthiques.

III. L'ÉTAT, LES COLLECTIVITÉS LOCALES ET LA CERTIFICATION DES COMPTES

L'État et les collectivités publiques sont amenés régulièrement à intervenir dans le domaine économique. Ces interventions se font par la réglementation mais elles se font aussi parfois par le biais d'interventions en faveur de certains agents économiques.

---

1. On pourra se reporter à la théorie économique des jeux pour approfondir ces problèmes de transactions.

1. L'intervention publique en faveur de certaines actions économiques

Le Gouvernement fixe certaines priorités qu'il essaie ensuite de mettre en œuvre à travers diverses mesures. Ainsi, par exemple, dans le domaine forestier, un des objectifs permanents de l'État est de développer la filière bois en favorisant une sylviculture dite de qualité. Cette dernière consiste à produire des grumes susceptibles de répondre aux usages les plus nobles : tranchage et sciage, et ainsi fournir aux industries de transformation du bois la matière première dont elles ont besoin pour se développer.

Une telle sylviculture exige une formation des propriétaires forestiers et un investissement dans la plantation, le dégagement, l'élagage et l'éclaircissement des arbres. Les propriétaires forestiers seront d'autant plus enclins à s'inscrire dans cette démarche qu'ils en récolteront les fruits. Néanmoins, il existe des économies d'échelle ou des coûts fixes. Comme nous l'avons déjà indiqué, il est plus facile de mobiliser un propriétaire de 100 hectares que dix propriétaires de 10 hectares chacun.

L'État et les collectivités publiques ont donc mis en place une politique à deux niveaux. Le premier niveau est orienté vers les propriétaires forestiers, pour les inciter à effectuer eux-mêmes ce travail de regroupement des parcelles forestières : il s'agit d'une réduction d'impôt liée à l'acquisition de nouvelles parcelles, afin de rendre plus liquide le marché des parcelles forestières.

Le deuxième niveau est orienté vers les organisations susceptibles de mutualiser les efforts et les coûts des propriétaires forestiers. À travers l'ONF (Office national des forêts), l'État mutualise déjà les efforts des milliers de communes propriétaires de parcelles forestières. La possibilité de recourir à des coopératives constitue une version alternative de cette mutualisation pour les propriétaires forestiers privés.

Néanmoins, même le regroupement de l'exploitation des parcelles forestières par une coopérative ne résout pas toujours l'équation économique. En effet, les coûts indirects liés au suivi administratif et comptable des adhérents, à la visite de leurs propriétés, etc., ont vite fait de grever la marge de la coopérative et de la rendre non concurrentielle par rapport aux entrepreneurs, ou experts forestiers, qui se concentrent sur les grandes propriétés.

L'action des collectivités publiques est alors particulièrement utile. En effet, elle permet de prendre en compte certains coûts liés au morcellement de la propriété forestière, en évitant de recourir à une certaine coercition qui obligerait tous les propriétaires forestiers à rendre compte de leur pratique sylvicole[1]. En mettant en place un mécanisme de subventionnement lié à l'adhésion de petits propriétaires forestiers à une coopérative, qui effectuera de façon planifiée les travaux sylvicoles nécessaires, les collectivités locales influent sur le développement économique de leur région ou département, tout en laissant aux acteurs économiques le soin des meilleurs outils à mettre en place pour y parvenir.

2. Le respect de la concurrence

Les coopératives bénéficient d'un statut dérogatoire et, notamment, de l'exonération de l'impôt sur leur résultat net, sous certaines conditions. Elles sont également fréquemment les récipiendaires des subventions versées, tant par l'État que par les collectivités locales.

Dans une optique où le marché semble le mécanisme privilégié pour allouer les ressources économiques entre les différents intervenants, une telle situation semble paradoxale et créatrice d'iniquité. Comme nous avons essayé de le montrer précédemment, ces avantages octroyés aux coopératives ne sont que la contrepartie d'un service rendu à la collectivité.

Par leur mode de fonctionnement, les coopératives apparaissent comme particulièrement aptes à remplir des fonctions d'intérêt général au moindre coût. Leur structure de gouvernance, qui entraîne un handicap dans une optique d'efficience maximale de la gestion des ressources, est au contraire un avantage dès lors qu'il convient d'intégrer un certain nombre d'externalités.

Une collectivité publique peut confier à un entrepreneur privé une fonction d'intérêt général, elle devra alors mettre en place des mécanismes de contrôle externe très développés pour s'assurer que ce

---

[1]. Néanmoins, à travers l'obligation d'établir un plan simple de gestion qui soit agréé par le Centre Régional de la Propriété Forestière (CRPF) pour tous les propriétaires de plus de 25 hectares (ce seuil devant être abaissé à 10 hectares), l'Etat adopte aussi certaines mesures coercitives, mais celles-ci ne s'appliquent pas à la toute petite propriété (moins de 10 hectares) qui constitue pourtant une part très considérable de la surface forestière nationale.

dernier ne détourne pas cette mission d'intérêt général à son profit. Dans le cas des coopératives, ces dernières sont contraintes, par leur nature, à internaliser une partie de ces fonctions déontologiques. En contrepartie, les contrôles, que la collectivité devra mettre en place, pourront être en partie allégés par rapport aux contrôles établis sur l'activité d'un entrepreneur forestier.

Du point de vue des coûts de transaction, les coopératives sont une forme efficiente de gestion commune des intérêts particuliers et des intérêts généraux. Il ne s'agit pas d'une institution parfaite, elle doit se doter de moyens pour contrôler son fonctionnement, mais il s'agit d'une organisation susceptible de gérer à moindre coût certaines transactions complexes.

3. Le commissariat aux comptes

Si le chiffre d'affaires hors taxes dépasse certains seuils mis à jour périodiquement, l'assemblée générale ordinaire doit désigner un commissaire aux comptes pour un mandat de six exercices.

Une des spécificités des coopératives agricoles ou forestières est la possibilité de choisir le commissaire aux comptes, non seulement parmi les commissaires aux comptes inscrits auprès des cours d'appel, mais aussi de pouvoir faire appel à des contrôleurs salariés des fédérations de coopératives agricoles agréées qui doivent posséder des diplômes et des capacités équivalents à ceux des commissaires aux comptes et qui sont astreints aux mêmes obligations.

Cette règle, apparemment anodine, est en fait très lourde de conséquences. L'intérêt pour les coopératives est de pouvoir faire appel à un contrôleur pour un coût souvent plus faible que le coût d'un cabinet d'audit. De surcroît, ce contrôleur connaît bien les spécificités du monde coopératif et, notamment, les aspects réglementaires qui s'imposent. En revanche, ces contrôleurs, salariés par les fédérations de coopératives, ne permettent pas de répondre pleinement au besoin de réduction de l'asymétrie d'information susceptible d'exister au sein des coopératives, comme au sein de toute organisation.

En effet, nous avions identifié trois niveaux d'asymétrie d'information :

– *Entre le directeur et son président*. Le contrôleur a-t-il la compétence pour identifier les risques d'audit de la coopérative ?

– *Entre le président et son conseil.* Le contrôleur a-t-il l'indépendance nécessaire pour communiquer les éventuelles anomalies relevées ? Sachant que c'est souvent le président qui représentera la coopérative au sein de la fédération et que, par conséquent, il sera indirectement l'employeur du contrôleur salarié.

– *Entre le conseil d'administration et l'assemblée générale.* Le contrôleur aura-t-il l'indépendance nécessaire pour éventuellement remettre en cause la capacité de contrôle du conseil d'administration ?

Ces trois niveaux d'asymétrie de l'information montrent que cette dérogation aux règles d'audit soulève de nombreux problèmes potentiels. S'il est légitime qu'une fédération de coopératives puisse apporter à ses adhérents une expertise dans le domaine du fonctionnement de leur coopérative et dans le domaine du contrôle interne, il apparaît très critiquable de confondre une fonction qui relèverait davantage de l'audit interne, avec une fonction d'audit externe orientée vers la réduction des risques d'asymétrie de l'information.

Les nombreuses affaires ayant impliqué des commissaires aux comptes, tant en France qu'à l'étranger, montrent que l'audit des sociétés est un enjeu considérable. Si les coopératives arrivent, jusqu'ici, à gérer leurs problèmes de contrôle en interne, une ouverture aux méthodes d'audit les plus modernes s'avère nécessaire pour garantir la pérennité de leurs structures dans un environnement où la concurrence, en se faisant plus forte, est aussi susceptible de se révéler plus douloureuse pour les organisations ayant ignoré les règles essentielles de contrôle et de gouvernance[1].

IV. LES SPÉCIFICITÉS DE GOUVERNANCE DES STRUCTURES ASSOCIATIVES INTERVENANT DANS L'ÉCONOMIE SOCIALE ET SOLIDAIRE

Des activités commerciales peuvent revêtir le statut d'associations pour des raisons de commodité et parfois d'opacité. Ce type d'associations peut difficilement être considéré comme faisant partie de l'économie

---

[1]. Pour approfondir les enjeux et les approches de l'audit et du contrôle interne, on pourra se reporter à :
Pigé B. (2001), *Audit et Contrôle interne*, 2ᵉ éd., éditions EMS (Management & Société).

sociale et solidaire. Nous ne présenterons ici que les structures associatives réellement orientées vers la fourniture de prestations intégrant une dimension de solidarité.

1. Une incitation économique limitée

À la différence des coopératives, les associations n'ont pas d'exigence de rentabilité économique autre que celle de leur pérennité. De surcroît, cette pérennité financière n'est pas obtenue à travers la marchandisation des prestations effectuées, mais par une approche globale intégrant d'un côté l'ensemble des ressources consommées et de l'autre les différentes sources de revenus. Ces dernières peuvent se révéler aussi diverses que la facturation de prestations, les cotisations perçues, les dons ou les subventions reçus.

Très souvent l'équilibre financier est recherché *a posteriori* en fonction des actions que l'association souhaite mettre en œuvre. C'est le cas notamment des associations orientées vers la fourniture de repas aux sans-abri ou aux personnes déshéritées. Le nombre de repas à fournir et l'effectif de la population touchée conditionnent le montant des revenus à percevoir sous forme de dons ou de subventions pour équilibrer financièrement l'association.

Il peut arriver qu'une association se retrouve avec des excédents de revenus. Ce fut le cas lors du tsunami en 2004 où les associations impliquées dans le secours aux victimes reçurent des dons très élevés en un temps très court, alors que la période d'intervention ne pouvait s'évaluer qu'en mois ou en années, et qu'une partie des secours revêtaient nécessairement une forme gouvernementale. Dans un tel cas de figure, le surcroît de revenus permet à l'association d'envisager de nouvelles actions qui n'avaient pas été initialement prévues.

Il n'existe donc pas de relation d'efficience directe entre les revenus et les ressources consommées. Les revenus sont souvent liés au réseau relationnel de l'association, à sa capacité à attirer l'attention des collectivités publiques (pour les subventions) ou des particuliers[1] (pour les dons). Cela pose naturellement la question de l'efficience des associations dans leur capacité à utiliser les revenus dont elles disposent. La déconnexion entre la valeur des prestations effectuées et la valeur des

---

1. Les entreprises peuvent aussi contribuer au fonctionnement de telles associations mais ceci reste le plus souvent très limité.

ressources consommées conduit sinon à un gaspillage du moins à une allocation moins efficiente que celle qui résulterait des mécanismes de marché classique qui utilisent le prix comme outil d'ajustement entre l'offre et la demande.

Les associations œuvrant dans l'économie sociale et solidaire ne trouvent leur justification que par la nature des prestations qu'elles fournissent et par la nature des bénéficiaires. Les associations seront d'autant plus efficaces qu'elles seront orientées vers des populations exclues des mécanismes classiques de marché. Elles pourront ainsi réintroduire ces personnes dans une logique économique qui sera au départ fortement atténuée. Le maintien durable de populations dans des relations uniquement centrées autour des associations risque cependant de conduire à une exclusion renforcée. Les associations ne peuvent donc s'appréhender que comme un passage, certes indispensable, mais néanmoins temporaire, vers une réinsertion des populations dans des mécanismes de marché plus conventionnels, au premier rang desquels figurent les coopératives et les mutuelles.

2. La ressource humaine constituée des bénévoles

Les associations se différencient également des coopératives et des mutuelles par le recours aux bénévoles. Certes, les fonctions d'administrateur sont qualifiées de bénévoles au sein des coopératives mais, comme nous l'avons déjà souligné, ce bénévolat des administrateurs soulève plus de problèmes qu'il n'en résout puisque, bien souvent, ces administrateurs chercheront des rétributions moins directes, parmi lesquelles figure en premier lieu le traitement privilégié des transactions qu'ils réalisent avec la coopérative.

Dans les associations, le bénévolat ne se limite pas aux fonctions d'administration mais il touche également aux fonctions d'exécution. L'existence d'une ressource non valorisée pose cependant au moins trois problèmes majeurs :

– Les bénévoles n'étant pas rétribués ne se sentent pas tenus par les règles de l'organisation. Il est donc difficile de prévoir des procédures strictes qui reposeront sur le bénévolat. L'association risque, à tout instant, de se trouver désorganisée par l'absence d'un bénévole ou par le désintérêt de l'un d'entre eux pour les tâches proposées. La gestion des bénévoles suppose donc de les affecter à des tâches qui ne soient pas critiques pour le fonctionnement de l'association.

– En contrepartie, le travail gratuit est généralement peu considéré et la ressource bénévole est souvent mal exploitée, voire sous exploitée. Les compétences apparaissant gratuites, elles sont souvent, comme toute ressource gratuite, gaspillées pour des usages inadaptés.

– L'équilibre financier global de l'association sous-évalue les ressources mises en œuvre pour aboutir aux résultats. Les comptes annuels ne sont donc pas représentatifs du fonctionnement de l'association. Une solution simple, et souvent mise en œuvre, consiste à valoriser le temps de bénévolat en l'inscrivant simultanément en tant que charges de personnel et en tant que dons reçus (en l'occurrence un don en nature sous forme de temps alloué). Cette valorisation est néanmoins complexe à mettre en œuvre et elle rend difficilement compte de la diversité des compétences requises et utilisées. En termes de prix de marché, une heure de secrétariat n'a pas la même valorisation qu'une heure de soins médicaux.

3. Le contrôle de la gouvernance

Dans les associations, il n'existe pas de partie prenante ayant un intérêt majeur au contrôle et à la gouvernance. Si toutes les parties prenantes sont intéressées au fonctionnement de l'association, l'incitation à s'investir dans la gouvernance est beaucoup plus limitée.

Les bénéficiaires des prestations assurées par l'association disposent rarement des compétences nécessaires à une représentation dans les organes de gouvernance. De surcroît, s'ils détiennent la majorité et le contrôle de l'association, étant eux-mêmes bénéficiaires, il existe un risque de détournement à leur profit de l'activité de l'association.

Les donateurs individuels sont déjà dans une situation de don. L'investissement dans la gouvernance conduit à accroître le don effectué en le doublant d'un don en nature sous forme de temps passé. Les associations les plus efficaces sont souvent celles qui sont animées par ce type d'acteurs qui, pour des raisons humanistes ou religieuses, acceptent de se départir d'une logique de maximisation de leur intérêt personnel.

Les salariés sont fréquemment les parties prenantes les plus intéressées à la gouvernance des associations. En effet, ces structures constituent leur garantie de revenus et le contrôle de leur gouvernance permet aux salariés de s'attribuer une part croissante des ressources de l'association, que ce soit sous forme d'augmentations de salaires ou sous forme de réduction des efforts mis en œuvre. Quand une association est contrôlée par ses salariés, l'inefficience dans la gestion des ressources tend à s'accroître assez fortement.

Les collectivités publiques et les distributeurs de subventions peuvent contribuer à une gouvernance efficace. Non seulement ils disposent d'une incitation à s'investir dans le contrôle en raison des subventions qu'ils versent et en même temps de leur devoir de reddition des comptes vis-à-vis des citoyens mais, en plus, ils disposent d'une structure rendant un tel contrôle et un tel investissement dans la gouvernance plus aisé. Le risque principal est celui d'un détournement de l'objet de l'association qui se transforme en instrument au service d'une collectivité publique. Le cas extrême est celui de la gestion de fait, où l'association sert à réaliser des transactions qui, dans le cas d'une activité publique, sont fortement réglementées, voire interdites.

La bonne gouvernance d'une association repose sur un équilibre instable entre les différentes parties prenantes. Il n'existe pas de solution universelle qui puisse résoudre tous les conflits et éviter tous les dérapages. Néanmoins, une représentation de la diversité des parties prenantes, une stricte séparation des fonctions de salariés et d'administrateurs, et un contrôle externe régulier et formalisé de la part des collectivités publiques qui apportent des financements, constituent les ingrédients susceptibles de faciliter l'apport indispensable des associations dans la réinsertion de certaines populations exclues des circuits économiques.

Conclusion

Comment contribuer au développement de l'économie sociale et solidaire ?

Comme nous l'avons souligné tout au long de cet ouvrage, la contribution au développement de l'économie sociale et solidaire peut se situer à un triple niveau :

– *Au niveau de la personne* : chacun peut privilégier des actes économiques qui renforcent la solidarité sans nécessairement maximiser son intérêt économique personnel de court terme.

– *Au niveau des États, de l'Union européenne et des organismes internationaux* : les réglementations doivent être orientées vers la mise en œuvre effective des principes coopératifs par les organisations qui s'en réclament.

– *Au niveau des organisations coopératives et mutualistes ou des associations œuvrant dans le domaine de l'économie sociale et solidaire* : les pratiques et les mécanismes de gouvernance doivent garantir le respect des principes coopératifs et éviter le dévoiement de certaines organisations au profit de quelques personnes ou au profit d'une technostructure affranchie de tout contrôle.

Certaines évolutions législatives semblent ainsi indispensables (certaines d'entre elles se trouvent déjà dans le rapport Guillaume de 2004) :

– Les coopératives qui s'orientent résolument vers une dimension capitaliste devraient perdre leur statut de coopérative et une solution d'indemnisation des coopérateurs devrait être mise en place. Une solution pourrait être de transférer les droits de propriété des coopératives dans le capital des sociétés de capitaux vers les adhérents de la coopérative (les cas de Sodiaal et du Crédit Agricole constituent des cas d'école intéressants à méditer).

– Les coopératives respectant pleinement les principes coopératifs internationaux doivent bénéficier d'une réglementation fiscale et juridique facilitant leur exercice et prenant en compte les surcoûts liés à ces exigences de solidarité.

– Une structure publique de contrôle des coopératives devrait être mise en place sur un modèle similaire à celui des autorités de marché ou des organismes de surveillance des entreprises cotées. Cette structure aurait pour mission de vérifier le respect des principes coopératifs et également de superviser les procédures d'audit externe.

– Les administrateurs des coopératives et mutuelles devraient bénéficier d'un statut proche de celui des élus exerçant des fonctions administratives au sein des collectivités publiques. Un barème des conditions d'indemnisation pourrait être édicté sous forme d'indemnités plafonnées selon la taille de la coopérative considérée.

– Le statut des unions de coopératives devrait favoriser l'efficacité dans la recherche d'économies d'échelle tout en conservant le lien privilégié des coopératives avec leurs adhérents. Ces unions pourraient constituer une solution pertinente au développement incessant des filiales de coopératives adoptant la structure de sociétés de capitaux.

– Les contraintes réglementaires d'activité applicables aux coopératives doivent être simplifiées pour éviter le contournement de la réglementation par la création de filiales sous forme de sociétés de capitaux.

– Les associations opérant dans le domaine de l'économie sociale et solidaire doivent bénéficier d'un cadre réglementaire favorisant l'information des parties prenantes et la mise en œuvre de mécanismes de gouvernance. L'exercice d'une activité commerciale doit être strictement limité.

Bibliographie

GALBRAITH J.K. (1973), *Economics and the Public Purpose*, Andre Deutsch, 1974.

HIRSCHMAN A.O. (1970), *Exit, Voice, and Loyalty*, Harvard University Press.

CROZIER M. et FRIEDBERG E. (1977), *L'acteur et le système*, Éditions du Seuil.

SMITH A. (1776), *An Inquiry into the Nature and Causes of the Wealth of Nations*, Everyman's Library, 1954.

WILLIAMSON O.E. et WINTER S.G. (edited by) (1991), *The Nature of the Firm, Origins, Evolution, and Development*, Oxford University Press.

WILLIAMSON O.E. (1985), *Economic Organization : Firms, Markets and Policy Control*, Wheatsheaf Books.

SEN AMARTYA (1999), *Development as Freedom*, Oxford U.P.

ARCHAMBAULT E. (1996), *Le secteur sans but lucratif : associations et fondations en France*, Economica.

Scop édit (2005), Guide juridique des Scop.

Index

A

Adhérent 89
Assemblée de section 110
Asymétrie 83
    d'information 117, 141

B

Bénévolat 144
Bénévole 30, 48

C

Cafsa 128
Charte de l'économie sociale 9
Coase 92, 134
Commerce équitable 82
Coût de transaction 92
Crédit Agricole 94, 111, 118
Crédit Mutuel 97
Crozier 116

D

Démocratie 44
Démocratique 56, 70
Développement durable 1, 102

E

Efficience 77
Épargne solidaire 23, 27, 41
Espace local 20
Éthique 85, 136
Excédent 54, 56, 57, 60, 70

F

Fondation de France 31, 47, 66
Friedberg 116

G

Galbraith 83
Gestion désintéressée 48

H

Hirschman 83

I

Incitation 117
Insertion 9, 19, 20, 22, 24

L

Légitimité sociale 104
Lien social 8, 19

M

Mécénat 16, 31
Microcrédit 21, 22, 41, 44

N

Nœud de contrats 88

O

OIT (Organisation internationale du travail) 75

P

Partie prenante 2, 91
Passager clandestin 137
Périmètre 93
Pouvoir démocratique 101
Profit 77, 88

R

Raiffeisen 13, 14
Rapport Guillaume 103, 147
Réciprocité 9
Reconnu d'utilité publique 45, 46
Règle des quatre P 48
Ristourne 71
Rochdale 13, 14, 69

S

SCOP 18, 57, 66

Smith (Adam) 134
Sociétaire 98
Société coopérative européenne 68
Sodiaal 95
Solidarité 79, 84, 87, 107

V

Variabilité du capital 55
Volontariat 101

W

Waldeck-Rousseau 15
Williamson 92, 134

Y

Yoplait 95

051526 - (I) - (2,2) - OSB 80° - TYP - CDD
Dépôt légal : Avril 2008
Imprimerie CHIRAT - 42540 Saint-Just-la-Pendue
N° 9020

Imprimé en France